大展好書 好書大展

大展好書 好書大展

·校園系列·

3

輕鬆讀書 贏得聯考

多湖輝著；陳秀甘譯

大展出版社有限公司

前　言

各位讀者之中也許有人會認為我是聰明型的人，事實上剛好完全相反，在我中學時成績非常差，總是倒數前幾名，一學年的缺席日數高達七十天。

不過以前和現在的學生一樣，都必需承受聯考所帶來的苦難，然而對於天生喜歡偷懶的我來說，卻沒有嚐過熬夜讀書的痛苦，因為當時的我，認為「用功讀書」實在是件無意義的事。

我認為讀書能掌握要領，是可以不必讀得那麼辛苦的，於是我花盡心思讓自己的學生生涯盡量過得輕鬆、愉快，也因此領悟出許多讀書要領，後來即順利考取大學。後來在大學研究心理學，才發現我那些方法是有確實根據的。

現在的你是否為了學校的功課、抑或準備聯考，而過得昏天暗日的呢？總是有考不完的試、唸不完的書呢？其實，讀書是有其方法及訣竅，只要能善加利用，必可使你唸起書來感到輕鬆、得心應手。

本書可說是我專門研究心理學的成果，以及我本身的經驗，一些學生們的體驗，目的是追求提高讀書效率、減少讀書時間，而達到事半功倍的效果。由衷地盼望此書能對各位讀者有所助益，使大家能夠輕鬆準備功課、順利考取。

多湖 輝

目錄

第二章 時間活用術

第三章 參考書、題庫活用術……六九

第四章　應考術

第五章　棘手科目克服術

第六章 調整讀書環境的方法

第七章 自我管理術

第一章　應考計劃術

考取須知

1 沒有擬定目標，則無法充分發揮實力

・應考計劃的訣竅

一提到「目標」，大多數的人都會把它和無法實際付諸行動的「○○標語」聯想一起。大概是老生常談的話，所以大家已漸漸忽略它的重要性。其實，沒有目標，人們就無法下定決心好好努力，這就是人類的特性。

立定目標的重要性，可由美國的心理學家烏多瓦士所舉的跳高的例子來說明它。選手直接快跑向空中跳躍，和前面有橫竿的跳高比較起來，前者所跳的高度顯然比後者低許多，其原因就出在橫竿的作用，這支橫竿可說就是選手的目標。

擬定應考計劃時，首先就從設定目標開始吧！例如決定第一志願的學校；以一個月的時間列出較棘手科目的問題所在，以求解決之道……等。

若沒有明確的目標，唸起書來往往是散漫、消極，就好像跳高時，沒有立好橫竿，結果選手根本產生不了跳得更高的意願。

2 讀書計劃最好採取「週休二日制」

・應考計劃的訣竅

整個星期天天都唸書的話，那份疲憊是很難消除的。這種現象可以由星期一的工作或讀書效率往往不佳，也就是所謂的「星期一症候群」，得到證明。

最後，各家企業、公司大都意識到「休息是為了走更遠的路」的理念，認同「週休二日制」的意義。實行之後，果然收到不少的成果：工作效率提高、意外事件減少、出勤率增加……等。

準備聯考的情況，與其把計劃表每天都排得滿滿的，倒不如星期六、星期日完全拋開書本，反而可以提高讀書效率。因為已經有心理準備——星期六、星期日是休息的日子，所以平常唸書時，雖然同樣是一個小時，自然而然就會充分利用它。

休假的時間，盡情地玩、或休息都可以，也可以看看自己喜歡的書籍、或沈思。乍看之下，似乎是白白浪費這兩天充裕的時間，其實這麼做反而有助於實力的培養，及提昇唸書的效率。因為在準備聯考這條漫長的賽程中，緊張、焦慮是一大禁忌。所以利用「週休二日制」來培養從容不迫的情緒。

3 擬定讀書計劃時，首先以一天為單位

・應考計劃的訣竅

詳細製作一週的學習計劃、一個月的讀書計劃，然後貼在牆壁以勉勵自己，的確具有堅定意志的效果。

但是中途即使只有一天沒做到，計劃往往就會變得七零八落，只好重新再擬定。就這樣一再地重複擬定計劃，結果變成了「計劃是為放棄而存在」。相反地，依計劃行事，而且異常地執著於計劃，也有人因此而導致精神的異常狀態。

那麼，到底該如何做呢？某位時間管理專家主張：「欲使生活組織化，不可欠缺的要素是，擬定一天的計劃，但並不是擬定長期的。」

他建議的方法是，製作一本「計劃冊」，然後放在相同的場所，且容易看到的地方。如果是上班族的話，就把它放在辦公桌；是家庭主婦，就放在廚房；學生的話，當然書桌是最佳選擇。就這樣依身分的不同，放在其特定的位置上。

而且，在每天的開始時，或前一天晚上，就把這一天要做的事先一項一項列出來，等到一天結束時，再做總檢討，若有沒做的事項，則把它放在第二天的計劃表上的第一個位置。

總之，能夠妥善管理一天的行動，是讀書計劃的第一步。

4 ・應考計劃的訣竅

讀書的「高潮」設定在星期二，可得到不錯的效果

有不少考生做讀書計劃時，都是以一星期為單位，不過，幾乎都是草草率率作成的。例如，星期一，有不少考生認為是「新的開始」，所以往往把重要的科目排在這一天，那是因為大家經過休假之後會更勤奮唸書才對！而事實真如此嗎？

正如「星期一症候群」這句話所說的，一星期的第一天常常很難打起精神。一般來說，星期日休息的話，以星期二的讀書效率最好，然後向週末愈來愈降低。而到了星期六又稍微有回升的現象，因為想到將放假，精神隨之振奮的緣故。知道這些現象之後，就可以斟酌自己的情況來擬定計劃表，例如把較差的科目排在星期二，也許可以使你得到意外的收穫。

我自己本身也是這麼做，而且大學的教授中，有不少人也是盡量不要在星期二授課，而從事於自己的研究，這也是以「頭腦的效率」來考慮。

5 ・應考計劃的訣竅

容易使頭腦疲憊的數學及英語，不要排在同一天

你連續唸三個小時的書之後，是否有時會感疲倦，有時仍然精神奕奕呢！如果不會感到疲倦的話，表示你的讀書計劃作得相當好。每個人的頭腦對於各科目的疲倦程度，因人而有很大的差別。

根據種種調查結果顯示，使人的頭腦感到疲勞的程度，最高的是數學和英語，國語、理科比較低一些。也就是說，如果今天唸數學、英語，明天唸國語、理科，頭腦的疲倦程度就有會有很大的差別。

為了不讓頭腦感到疲憊，每天都能依計劃進行的話，首先必需避免在同一天裡長時間重複唸數學和英語。所以，擬定應考計劃時，科目的分配得當與否也是十分重要。

6 把最擅長的科目安排在早上剛開始唸書的時段

・應考計劃的訣竅

唸書時唸到自己得意的科目，自然就會產生自信，而且有自信的行動，必然會得到良好的結果。早上開始唸書時，只要能善加利用該原理，即可有效地激起唸書的衝勁。

每天開始唸書時，首先試著從自己有信心的、可以做得很好的問題著手。順利解決問題的快感，正是接下來努力的原動力。換句話說，欲使當天唸起書來積極又有衝勁，有效的方法就是善用自己擅長的科目。唸書也是以剛開始最重要，如果最初就遇到挫折，那麼這一天想恢復低迷的情緒可就不容易了。

想把有自信，擅長的科目安排在剛開始的唸書的時段，也可以在前一天的最後時段裡，分配擅長的科目，而且留下一部分不要唸。但是，由於是擅長的科目，大家往往會一口氣唸完它，這時候應該先有心理準備：「把今天會做的一部分留到明天吧！」以便製造明天起步的環境。

其實，最初著手的並不限於有自信、擅長的科目，如前面所敍述的，繼續前一天留下來的部分也可以。把唸得十分得心應手的部分，特意留一些在第二天，第二天就從這部分開始，也是不錯的安排。

例如看推理小說，看到一半突然有其他緊急的事，只好拋下書，等辦完事情之後再拾起來看，依然能夠馬上進入情況。歐布斯安其那這位心理學者，把這種情況稱為「中斷行動的再行傾向」。

如果留下即將完成，也就是進行相當順利的工作，前一天的心理狀態，也會隨之持續到第二天，而第二天就以前一天剩下的部分為開始的話，可以很容易地進入情況。

正如前面所敍述的，只妥善地計劃一下每天讀書的開始，即可以使整天的讀書計劃進行得十分順利。

考取與落榜的差別在這兒

計劃編
1

○

讀書計劃採「週休二日制」，可提高讀書效率。

×

把整星期排得滿滿的。

7 具體地擬定計劃、目標，可以發現讀書方法缺失

準備考試的過程中，你作題目測驗時，是不是會有這樣的心態：「無論如何也得盡量作」、「盡可能作得愈多、作得愈快愈好」，而沒有確定的目標。這種讀書方式的背景是，給自己指定的題目太多，超過一個人所能負荷的，但是要求自己需作得快、作得多，所以很少真正花心思去作。

而這樣的計劃、讀書方法，事實上很難提高讀書的效率。因為，當人們為自己指定作業時，其目標愈具體的話，為達到該目標所需要的努力，也變得更具體，而且也可以很具體地評量自己是否達成目標。

另外從進行的過程中，也能夠發現讀書方法的缺失，以求改善之道，進而變更原本的計劃，這麼一來，必然可提高讀書的意願、效率。因此不要設定抽象的目標：「盡量作」、「盡可能作得多、作得快」……，而應該像這樣「用多少時間正確地作出幾題」，具體地設定出時間、量、質。

8 養成預測考試結果的習慣，有助於讀書計劃的擬定

學校一舉行模擬考試、期中考、段考……等，學生的話題幾乎都集中在「會不會寫」、「考得好不好」……等問題。然後，過兩、三天考卷發下來之後，大家又轉移目標到「分數」的話題上。

這時候，如果能稍微改變一下看法，把一次次的測驗當作聯考前的預演練習，即可以得到正面的效果。例如，在一次的測驗結束時，立刻回想一下「哪兒會作」、「哪兒不會作」，再預測「大概會得幾分」，幾天之後再和揭曉的分數作個比較。

當然，認為「會作」的題目，也會有錯誤的時候，相反地，本以為「不會」的題目卻答對了，也有這樣的情況。不過，只要在每次的測驗之後都能加以預測的話，漸漸就可以明白自己的能力屬於哪種程度、哪一部分還不懂、經常會犯什麼錯誤，以便檢討、改進。進而可以知道面對什麼樣的問題，大概可以得多少分。

這麼一來，根據測驗即可明確知道自己接下來該努力的目標。客觀地了解自己目前的能力，這種「自我能力的認知」，可以說是培養實力的重要條件之一。

考取與落榜的差別在這兒

計劃編
2

○

背誦分量多的單字時，分割成以「1個月」、「1天」為單位，可減輕壓力。

×

一口氣背完它。

9 ・應考計劃的訣竅

安排讀書計劃時，應先考慮自己的情況再擬定

應考的學習計劃，當然有必要隨著愈來愈接近考試日期而重新調整步調。例如，進入考前最後衝刺的階段，就有必要大幅度改變讀書的時間。

而考生並一定非得採「朝起夜眠」的生活方式不可。若你覺得白天睡覺、晚上唸書的作息比較適合，那麼就依照這種方式來擬定讀書計劃吧！只不過在考前，再改變作息，以便正式考試時能充分發揮實力，這方面後頭將有說明。

總之，擬定讀書計劃時，最好以自己的作息習慣為優先考慮。

和他人交往時，有時當然有必要配合他人的步調，唯獨讀書這件事，務必把自己的步調列在考慮的首位。

除了唸書的時間依自己的作息以外，其他的時間應該盡量配合他人，尤其應該把握和家人相處，幫家裡的忙的少許時間，以免引起不必要的摩擦，甚至把心力消耗在讀書以外的方面，而影響到讀書的計劃，降低效率。

10 ・應考計劃的訣竅

分配讀書時間時，不妨化整為零更可確實把握時間

大家經常聽到的一句話：考試的成功與否，並不是看讀書時間的長短，而是取決於其密度的濃淡，也就是說，其關鍵在於讀書時的專心程度。讀書時，縱使是短暫的時間，也很難在這段時間內一直持續緊張的狀態。假使設定好讀書的時間，儘管這段時間都坐在書桌前，而究竟有多少知識裝進腦袋裡，常常是個問題呢！

例如，你是不是把讀書的終了時間定在「到四點」、「到七點半」等容易劃分的時刻上。特別是，當你決定「要唸到幾點」時，終了時刻往往就變成了努力的唯一目標。而且雖然是以明確的時間為劃分的基準，事實上，卻意味著「四點左右」、「七點半左右」這種「大略的時間」。大家也許有過這樣的經驗：原本預定「一點開始讀書」，而實際上，開始的時刻卻已經一點半了；預定「唸到五點半」，但是時間到之前的五、六分鐘，已經坐立難安了。以「到四點」、「七點半」等易劃分的時刻來安排讀書時間，反而會使自己在開始時刻及結束時刻容易敷衍了事。

相對地，把唸書的時間定在「到三點四、五分」、「到六點五十分」等，以分鐘來劃分的方式，可以使終了時刻的意識更加鮮明，而增加「頭腦實際活動」的時間，同時還有可能

使不讓作業含糊結束的緊張感，能夠在這段時間內持續不減。以這種方式來管理時間，是提高效率的重要訣竅。

11 目標訂得太高，會造成反效果

・應考計劃的訣竅

擬定應考計劃時，考生容易掉入的圈套是，把目標訂太高。立定學習計劃時，大概都會以拼命作大量的問題為目標。認為把目標訂得高一些，可培養出良好的實力，即使沒有考取第一志願，也能夠提高考取的機率，也許是基於這種心理吧！但是這樣立計劃，絕對不是聰明的作法。

人們刻意擬定較高的目標，與有可能達到的較近距離的目標比較起來，後者比較容易激起衝動。事實也經由實驗得到證明。

美國南部某家工廠，把實習作業員分成兩組：一組要他們在第十四週結束時，達到比熟練作業員還高的生產水準；另一組則要求他們達到實際的熟練作業員。結果，後者的成效比前者高出許多。

以心理學的觀點來分析，把目標訂定離心理目標較近時，容易激起去完成它的衝勁；而把目標訂得太高時，反而會使內心先行氣餒，覺得反正做不到，因此乾脆放棄努力。

所以，擬定計劃時，決定最終目標之後，接著應該訂定一天內可能實現的目標，若訂得太高，無非是白白浪費許多寶貴的時間。尤其，聯考是屬於長期奮鬥的考試，因此更應該先擬定一天分的目標，能夠達到目標的話，無形中即給長期準備考試的你帶來自信、擁有自信，對於聯考才有勝算的把握。

12 對於分量很多的內容，不妨先細分，可以提高衝勁

・應考計劃的訣竅

擬定讀書計劃時，一想到必需唸的書，往往令考生茫然不知所措，因為這些書本實在太多了，多得可以堆出一座小山。想到這種情形的確令人氣沮喪的，而引不起唸書的衝勁，這時不妨試著先把它們細分一番。

以我個人來說，如果一個月必需寫三〇〇張的原稿時，總覺得負擔非常重，不過當我把它換成「那麼，一天應該寫十張囉！」來想的話，心裡沈重的壓力即隨之消失，而且感到輕鬆不少。每當我受託寫稿時，總是活用這種細分化的方法來減輕內心的壓力。

總之，工作量的細分化，就是把對工作的沈重壓力，分割成許多小壓力，這麼一來對我

們就不會造成太大的威脅了。

有意識地使用工作細分化的方式，不僅可以減輕準備考試之苦，而且能夠提高讀書效率。例如，預定一年之內背五〇〇〇個英文單字，想到這麼龐大的數字的確令人感到十分沮喪，但是只要把它轉換成「一個月背四〇〇個」、「一天背十個左右」，那麼，一天一小時之中只要「花五分鐘背一個」，陸續細分下來，壓力也愈分愈輕，心情果真隨之輕鬆不少。然後，想到「五分鐘背一個當然沒問題囉！」，想到這兒，衝勁、自信便泉湧而出。

13

・應考計劃的訣竅

無法專心唸書時，不妨變更一下時間表

逼近考試的階段，每一位考生一定都希望能夠擬定出一份非常適合自己的讀書計劃表，以便能夠好好衝刺一番。剛擬定好的最後衝刺計劃表，由於心情仍處於緊張狀態，所以大致來說，都能夠依照時間表，順利地將它們一一消化。

然而，進行了十天到兩週之後，無可避免地就會進入「鬆懈時期」。以人類的心理傾向來說，已經習慣某項作業的話，一定會產生鬆懈、注意力無法集中的時期。

注意力無法集中、缺乏衝勁，當然也會降低讀書的效率，即使在書桌前坐了十個小時，

考取與落榜的差別在這兒

計劃編
3

○

無法專心唸書時，不妨變更一下計劃表

×

一旦擬定計劃表便固執不變更

也許只有四個小時是真正在唸書也說不定。

這時候下定決心改變一下計劃表中原本預定好的時間表，也是個可行的方法。例如，該天預定的讀書時間表是「數學（對數與指數）↓世界文化史（羅馬帝國）↓英語作文↓古詩（助動詞的活用）」。

不過，安排第一位的數學就是挫折感蠻大的科目，因此更無法集中注意力。如果原本預定算數學的時間是兩個小時，也許只算了三十分鐘，就再也進行不下去了。

遇到這種情況，不要勉強自己再繼續作數學，不妨進行下一個科目，這麼一來，就可以轉換心情、集中注意力。當然，第二天的時間表，也隨之往前挪到當天也沒關係。

14 擬定年度的計劃，如果區分「理解部分」和「背誦部分」，這是錯誤的作法

・應考計劃的訣竅

對於擬定應考的讀書計劃，在此之前我已多次強調應以「小單位」來訂定，但是這應不表示完全可考慮「年度的時間表」。不過，我所說的「年度時間表」，並不是○月○日應該看英語參考書的第幾頁到第幾頁……這種詳細的計劃。

有不少奇怪的考生，在暑假以前以「背誦部分」的代表——社會科為重點，之後，就把所有的時間分配給其他科目，而把社會科擱置在一旁。暑假以前，本來社會科的程度已達相當高的水準，但是在後來剩下來的時間裡，卻把全部的心力集中於棘手的英語、或數學等，結果棘手的科目雖然有所進步，但是先前拼命背的社會科卻忘得差不多了，因此反而使總成績比暑假前還差。

為避免上述情況的發生，擬定年度計劃時，千萬不要著重於理解或背誦的其中一部份，應該兩者並行，尤其已經會的部份，更應該好好把握。所以擬定的年度計劃應該是「眼光放得遠的年度計劃」。

15 成績不理想時，採取「向後學習法」特別具有效果

・應考計劃的訣竅

如果很在意模擬考的成績退步、學校的課業趕不上同學，就會急於設法越過「目前」的現象，因此會向前更加努力，希望能夠趕上其他的同學，這就是傾向於「向前學習法」。不管是準備考試、學校的課業、讀書沒有進度等，向前學習法可以產生緊張、焦慮的心情，所以對於這些情形的確有其效用。

但是，「向前學習法」的過程中，難免會一個勁兒地堆積不懂的部份，因此有時反而會得到反效果。事實上，面對模擬考試退步等情況的必要措施是，從現在不懂的部分開始著手回到前一個階段，這就是所謂的「向後學習法」。

向後學習法中有一種稱為「分枝方式」，也就是說，某一個問題解不出來時，應該追溯比該問題更一般性的其他題目，如果仍然不會的話，則推到更普遍的題目，這種情形好比是從樹木的樹枝頂端，一直回到長出樹枝的樹幹，循著問題的根本部分，而找出目前所遇到的挫折的「病源」。

如果能利用「向後學習法」克服挫折的原因的話，再回到目前的進度，也就能夠駕輕就熟。

第二章　時間活用術

考取須知

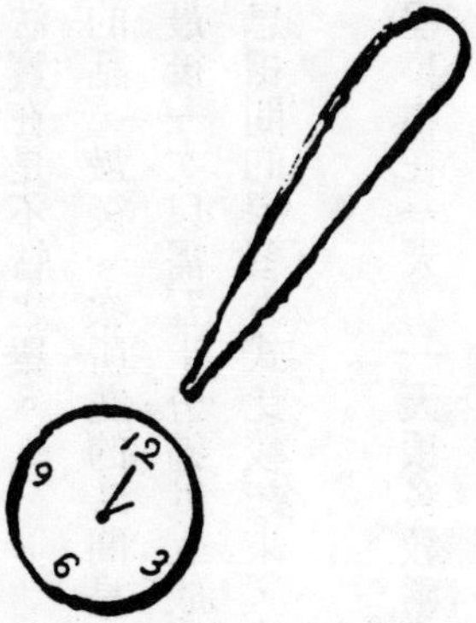

16 同樣是十小時，一天一小時連續進行十天，比一天十小時效果好

・活用時間的訣竅

人類的身體無法貯存睡眠、食物，從每天都必需睡覺、攝食即可明白。同樣地，由於頭部養分的緣故，使得「學習貯存」也得不到好的效果。有些考生在準備考試時，習慣把不喜歡的科目放到最後，他們認為同樣要花十小時來唸這一科，倒不如把這十小時集中到考前一天，效果會比較好。不過，以心理學的觀點來看，這種作法實在是不智之舉。

例如，重複練習二十次某項作業，如果集中持續練習的話，最後一次所花的時間是八十分鐘，相對地，每天只練習一次、連續進行二十天，結果最後一次只需五十分鐘就完成了，會有這樣的記錄。換句話說，持續不斷的學習與學習、休息相間的學習方式比較起來，後者能夠比較明確地進入記憶裡。

到汽車駕駛補習班學開車時，通常也不會把所有的課程集中在一天，一天頂多教兩項技巧、方法，這也是根據人類心理的原則來設計的。

由以上的事例即可明白，在一天之內硬是急著把所有的東西往腦子裡塞，效率是相當差的。

當然，一天只花一小時來唸某一科，對準備聯考的考生而言是不夠的，但是，一直持續唸相同的科目，也是無法提高讀書效率，因此在時間的調配上，就得多下點功夫，考生務必記住一點：懂得活用時間是致勝的關鍵。

17 無論如何都得避免通宵唸書

・活用時間的訣竅

即使不想熬夜唸書，但在考試期間有時不得不犧牲小我的睡眠時間，以求得更好的成績。而有些考生只是胡亂、任意地熬夜；有的則是在十分了解自己的頭部的狀態下才熬夜，雖然同樣是熬夜，但是其結果卻有天壤之別。

計程車司機正如大家所公認的，是深夜營業、通宵營業的代表，他們在這方面果然也具有職業水準，而領悟其技巧。他們到了清晨四、五點，幾乎都不再勉強營業，假寐兩小時左右。因為，經驗告訴他們，這段時間效率非常差，而且常常伴著危險的發生。

另外，從研究夜間作業效率的許多資料來看，其中也明顯地表示，熬夜到清晨的四～六點時，效率降到最下限，更嚴重的情況甚至顯示出效率等於零。因此，如果你非得熬夜唸書不可的話，首先，仍然必需考慮到以下的問題。

第一、避免完全通宵。即使唸到三、四點，過了四點之後打兩個小時的瞌睡也可以，總之，就是得睡覺。儘管只是打瞌睡，但大腦的運作仍然可以迅速恢復。

不過，也並不一定非待在四點的時段睡覺，如果精神狀況不錯而繼續唸到天快亮，再假寐十分、或二十分也可以。

18 所讀的知識經過一夜之後，一起床能夠立刻複習，其效果則有天壤之別

・活用時間的訣竅

人類的記憶系統是這樣的：知識進入頭腦裡之後，如果沒有進行再確認的工作，漸漸地就會忘記。而忘記的速度，大約是記住八、九個小時之後，沒有再確認的話，就會忘記一半左右。因此，前一晚所記憶的知識，之後就把它擱在一旁，過不了多久，這些知識便會在記憶中漸漸消失。

所以，在考試前晚所唸的內容，無論如何得在第二天起床後立刻複習一遍。即使只是花極短的時間作概略的複習，仍然可得到非常好的效果。

19 頭腦的運作最熱絡的時段，是從起床後兩、三個小時開始

・活用時間的訣竅

每年到了考季，一定會有考生提出這樣的問題：「考試當天應該早起？還是多睡一會兒？」其實，該問題應不僅限於考試當天，而與平常唸書的時間大有關連。

一般來說，過著極正常的生活步調的人，他們的頭腦運作最熱絡的時段是在上午十點到下午三點左右，這是以頭腦與起床時間的關係來考量的，因為人類的運作最熱絡的時段，是從起床後兩、三個小時開始。而一般正常作息的人，他們的起床時間，平均是七點左右，這和前面的理論吻合。

想必你一定有過這樣的經驗，一大早被電話叫醒，且被詢問到較困難的問題時，往往腦子一片空白，啞口無言，而不會回答。

因此，不僅在考試當天，平常唸書時要使頭腦處於最清醒的狀態的話，最理想的時間是在考前、唸書前的兩、三個小時就醒來，所以為了達到更高的效率，就有必要調整一下睡眠時間。

20 休息採間隔短、時間短，效果最好

・活用時間的訣竅

誰都知道長時間的讀書之後，必需有適當的休息時間，所謂「休息是為了走更遠的路」正是這個道理。但是，大家是否考慮過安排休息時間的要領！唸書五分鐘、休息五十五分鐘，有這樣悠哉的考生；唸書的時間很長、休息的時間也相當長的考生，更是特別多。

但是根據研究作業時間和恢復疲勞之間的關係顯示，作業時間每增加一個小時，恢復疲勞的時間則以二倍、四倍、十六倍……等比級數的倍數增加。由此可見，休息時間採間隔短、時間短，是有效使用時間、頭腦的好方法。

21 對某一科感到厭煩時，與其休息倒不如試著看看別的科目

・活用時間的訣竅

有的考生指出讀書無法按照計劃進行的理由是：「感到厭煩！」這真是毫無道理的誤解。只要是人類誰都會感到厭煩。問題只是在於厭煩時處理的方法不同而已。

「我已經感到厭煩，所以再怎麼用功都沒有用」，說這句話的人，恐怕是把厭煩和疲倦

考取與落榜的差別在這兒

時間編
1

○

避免通宵唸書

×

通宵唸書，第二天就沒有精神繼續用功

混為一談，這時不妨休息一下，休息過後應該就唸得下了。而「厭煩」和疲倦不同，厭煩是在說明心理的飽和現象、對於某方面的關心及吸收能力已經處於滿杯的狀態。

因此，單單是休息，仍然無法改變滿杯的狀態，如果再按照計劃進行下去就會溢出來。為了預防產生這種情況，與其休息，倒不如暫時把關心、注意力轉移到性質不同的方面。

以準備考試來說，也是同樣的情形。例如，唸英文唸得十分厭煩，怎麼樣也無法解決這種情況，這時仍然繼續坐在桌前強迫自己唸下去、或休息，都不是解決之道，最好是改唸性質不同的科，以解除心理的厭煩現象。

22 能夠消除腦中「距聯考還有幾天？」的時間限制念頭，自然就可湧出鬥志來

・活用時間的訣竅

在我們日常生活中，關於限制時間的用語特別多，例如「截止」、「沒時間」、「來不及」、「遲到」……等等。尤其對考生而言，「聯考日期」更是嚴正地限制時間。不過，我們也得承認，限制時間的確可以促使工作、唸書順利進行，但是限制的意識如果過於強烈，往往會減弱對目的所持的注意力、陷於不安等情況。特別是對於原本即具不安情緒的考生，

更是造成嚴重的影響。

把這種現象套上限制時間的用語，我把它稱為「自縛作用」。為了解除自縛的無形的枷鎖，首先應該消除腦中「聯考日期」等時間限制的字彙。

消除腦中時間限制的強烈意識之後，就可以明確了解自己的程度，自然也能夠湧出鬥志來。

23　感到焦慮不安時，身邊最好不要放鐘錶可以提高效率

・活用時間的訣竅

人類是容易緊張的動物，想到自己曾經有過的體驗，任何人就不得不承認這項事實。所有動物中，為何只有人類持有「焦慮」的情感呢？恐怕是因為隨著「鐘錶」這項機械的發明，而使人類具有物理性的時間的概念，從此以後才開始產生焦慮的情緒吧！

人類就是用所發明的測量時間的東西來束縛自己，結果，效率的概念也隨之萌生，因此也造就了「焦慮」的心理。換句話說，做任何事都變成講求效率時，人類就必需背負「焦慮」的沈重負擔。

因此，想斷絕降低讀書效率的「焦慮」情緒，如前項所敍述的，消除腦中時間限制的概

念，也是一種好方法。但是，有時也會產生「更小單位」的「焦慮」，那就是為了一天的「分」、「時間」而感到焦慮，這時候就有必要忘卻告知物理性時間的鐘錶機械。

身邊沒有鐘錶時，即可以完全依照自己的步調來唸書，這麼一來，不必要的焦慮感也能夠隨之煙消雲散。結果，不僅提高了讀書效率，而且也因此對自己萌生信心。

24 ・活用時間的訣竅

重點的部分必需把它想成「只能看這一次」，這樣才比較容易進入腦海裡

在學校、補習班上課時，只有一次聽講機會，如果錯過了，就沒有第二次的機會，而在家裡唸書就不同囉！在家裡讀書時，任你唸幾次才能理解、記住內容都可以，因此養成縱容自己、精神懶散的讀書態度，注意力不集中，甚至，本來唸一次就可以理解知識，卻要反反覆覆唸好多次才懂。

這時候，不妨在讀書之前先告訴自己：「這部份只能看這一次」，而把「隨時都可以看」、「看幾次都可以」的心態自心中排除，這樣可以在短時間內提高讀書的效率。

總之，「讀書時一定要有「只能看這一次」的心態，這樣做有助於提高注意力，自然理

解力也隨之提高。

25 當天讀書效率的好壞，最好在當天唸完之後立刻加以評價

・活用時間的訣竅

我們打算做某一件事時，如果沒有回過頭反省一下過去，只是一個勁兒地向前衝，那麼往往無法察覺自己的缺點。對考生而言，這樣是很難得到努力的成果、很難戴上金榜題名的榮冠。

雖然非常用功唸書，但是只求自我滿足的話，最後讀起書來就會顯得有頭無尾，因而無法提高讀書效率，甚至白白浪費許多寶貴的時間。而評價該天的讀書方法、效率，是提高下次讀書效率的捷徑。其實做法並不抽象、做起來也不困難，如前章的「應考計劃」所敍述的，只要像「今天花很長的時間算數學，但比較起來，算出來的問題卻不多」，這樣具體的評價就可以了。然後再進一步去探討做得好、做不好的原因。

每天就這樣把當天唸的內容和時間作個比較，自我評價一番，慢慢地，即可了解自己的優缺點。「啊！看那部分的時間應該減半，且分兩次看」……進而就可以找出活用時間的具體方法。

26 休息時應該完全休息，才不會影響到接下來的讀書效率

・活用時間的訣竅

我知道的某一家公司，在午休鐘聲響的同時，立刻切掉工廠的電源，完全停止所有的作業，儘管有的作業只剩一小部分尚未完成，仍然要求所有的員工一定要停下來休息。據說這就是提高下午的工作效率的秘訣。

的確，唯有休息才能消除疲勞，因此沒有真正休息、休息不像休息的話，那份疲勞就會持續停留在體內。

讀書也是同樣的情形，到了預定的休息時間，但因為問題算到一半而沒有休息的話，直接會影響到接下來的讀書效率。就讀書的時間表而言，可以說遵守終了的休息時間比開始的讀書時間來得重要。而且儘管延遲開始的時間，但只要確實遵守終了的休息時間，養成習慣之後也可以改進開始時間的延遲現象。

最沒有效率的讀書方法是，休息時間仍坐在書桌前繼續K書。不管哪所學校，都會有休息時間不休息的「用功學生」，但是其讀書效率恐怕不理想吧！

・活用時間的訣竅

27 讀書的先後順序，不妨在休息時間先考慮好

有好幾件事必需做時，經常會為了考慮哪件事該先做、其先後順序，而花掉不少的時間。非常用功而成果卻不佳的人，大致上來說，都是因為到了唸書時間，才開始考慮應該先複習好呢？還是先預習？光是考慮其先後順序就用掉大半的時間。這實在非常浪費時間。

為了預防時間的不必要的浪費，在唸書前的休息時間應該先考慮好唸書的先後順序。這麼一來，整天之中哪一部分該優先、哪一部分在後，都已經全盤了解，一方面不僅可避免不必要時間的浪費，另一方面，一旦開始唸書，也可以集中注意力，不會想到其他的部分。

・活用時間的訣竅

28 疲倦時半蹲下來，然後在椅子的四週慢慢地走動，將可得到不錯的效果

坐在椅子上唸書，無法長時間唸下去，也就是說坐的姿勢是很容易讓人感到疲倦的姿勢，即使是非常熱中於唸書的人，坐在椅子上用功唸書的時間，最多也只能維持一個小時到一

個半小時。

所以，坐在椅子上持續唸兩個小時以上的話，根本無法再集中注意力於書本上。想必大家幾乎都是採坐在椅子上唸書的方式，因此，在這兒介紹各位可消除坐姿疲倦的好方法。

某位大腦醫學權威人士，曾建議大家採半蹲走路的方法。也就是說，採半蹲的姿勢，在椅子的四周來回走幾趟，這麼一來，呼吸的方式自然會由「胸式」回復到「腹式」呼吸法，聽說這樣就可以消除疲勞、再次湧現唸書的意願。大家不妨試一試！

29 昏昏欲睡時，低下腰來採「坐禪式」的坐法具有提神的作用

・活用時間的訣竅

聯考的腳步愈來愈接近時，平常不用功的人，也開始猛開夜車、拼命唸書。不想臨時抱佛腳的話，平常就應該一部分、一部分地唸，這樣唸起來也會輕鬆多了，但是，有時仍然有不得不熬夜的時候，不過熬夜往往會影響到第二天的讀書進度，因為老是驅不走睡魔。

這時候有驅逐睡魔的好方法。稍微打開膝蓋、腰低下來不要挺直。這是大腦生理學者平井富雄博士所說過的話，平井博士的某本書中，舉出以下四個具體的方法。1.坐時低下腰來；2.兩膝張開三十度～九十度的範圍；3.兩腳後跟重疊、腳尖張開呈九十度；4.兩手掌心在

考取與落榜的差別在這兒

時間編 2

○

休息採取間隔短、時間短，效果最好

×

休息時間長、間隔長，無法消除疲勞

大腿附近自然重疊。

總之，低下腰來的坐姿就是所謂的「坐禪式」的坐法。它可以放鬆身心，而且持續適度的緊張。但是，過度的緊張影響到頭腦的運作，因此就有必要把腳張開，以達到放鬆的目的。所以，想睡覺時不妨採坐禪的坐姿，相信可以得到不錯的效果。

30 夜晚型、白天型的轉換，必需及早調整否則會造成不良的影響

・活用時間的訣竅

就標準的人類的生活步調而言，起床後的兩、三個小時是頭腦開始活動最熱絡的時期，這點前面已經提過，不過，另外有的是由個人獨特的生活步調所形成的，所謂的夜晚型、白天型就是典型的例子。然而，生物體本身的步調，有其不可忽視的韌性，例如，在英國所作的一項實驗：即使在沒有晝夜之分的洞穴裡生活一百天，在洞裡一天的生活步調和以前比較起來，也只不過相差四十分鐘而已。由此可見，儘管是有意識地改變生活步調，仍然必耗費不少時日才可做到。

因此，特別是那些夜晚型的考生，為了應付白天所舉行的聯考，就必需儘早調整生活的

步調，如果沒有及早轉換的話，聯考當天恐怕就無法充分發揮實力囉！

31 零碎的時間做零碎的事，不僅可以提高效率也能夠轉換心情

・活用時間的訣竅

記得有一本書曾作這樣的介紹：「有效使用時間的最大祕訣是，就像整理行李般，小空隙就塞入小東西。」

擦鞋、剪指甲、寫信、購物……等，日常生活中應該有不少這些我們沒有刻意安排時間來處理的瑣碎事情。因此，讀書的進度比預定的時間提早結束時，不妨利用剩下的時間、或休息時間來做這些瑣碎的事，不僅可達到效果，而且也能夠轉換心情。

32 早晨睡覺型與夜晚睡覺型比較起來，後者有益於頭腦的運作及健康的維持

・活用時間的訣竅

除了傳說中的「短眠者」——拿破崙等屬於例外，我們一般人一天如果沒有六～八小時

的睡覺，就無法消除當天的疲勞，第二天當然會顯得疲憊不堪、精神不佳。睡眠對我們的健康的確非常重要，不過未必八個小時的睡眠對每一個都適合，和拿破崙一樣只需睡三個小時的人也有；每天必需睡足十個小時才有精神的人也有，由此可見，必要的睡眠比睡眠時間的長短更為重要。

一躺下去立刻入睡的夜晚型睡眠的人，和翻來覆去仍睡不著，直到清晨才入睡的早晨睡覺型的人當然不同。一般來說，夜晚型睡覺的人，他們頭腦比較靈活、身體比較健康；早晨睡覺型的人，經常是神經質、不健康的類型，而且常常「晚上熬夜、早上起不來」。

同樣是利用一天的三分之一的時間來睡覺的話，保持夜晚型睡眠，不僅有益健康，而且以節約時間的觀點來看，也是極具效率。

33 把讀書的內容排列等級，棘手的範圍也能夠有效率地進行

・活用時間的訣竅

誰都願意把時間花在做簡單、輕鬆的事情上，例如抄寫筆記、整理書桌等，而且儘量把困難的事情往後拖延。因此讀書時經常會逃避困難的科目，而無法提高讀書效率。

美國某家時間管理諮詢機構，曾提出計劃優先順序的方案，以免陷入「簡單的陷阱」裡

。其作法大致是這樣：把當天必需做的事情先列出一張表，然後把最重要的項目列為A、次重要的列為B、最不重要的列為C。

分等級的同時，已經把必需做的事情在心中先整理、衡量一番，這麼做不但可以訓練腦力，而讓自己更明確地知道哪些事情是非常重要、非做不可的。

整理書桌之類的事，當然屬於C。縱使沒有進行整理書桌之類的工作，頂多也是把這段時間挪去做更重的A、B等級的工作。這樣分等級之後，對於不擅長的科目、不喜歡的範圍，也能夠意識到非做它們不可的重要性，因此就會鞭策自己必需付諸行動去完成它們。

34 為了提高效率，儘管唸書時的姿勢不文雅也沒關係，只要能夠使身心放輕鬆就可以了

・活用時間的訣竅

只要根據自己的體驗，大家就可以知道讀書的大敵之一——厭倦。正如大家所了解的，厭倦感會降低讀書效率。而預防該現象最簡單的方法就是，改變讀書的姿勢。把腳伸直、腳抬到椅子上、身體向後躺在椅背……等等，改變的方式千變萬化，只要你任意改變一下姿勢，立即可以改變心情，而得到良好的調適。

長時間持續同樣的姿勢，會固定血液流動的型式、身體全部的節奏也會顯得千篇一律。而改變姿勢的同時，它們便可以隨之產生變化，這麼一來，不但可以消除疲勞，而且也能夠給予頭腦新鮮的的刺激。

35 學期開始的讀書，是培養自信的好機會

・活用時間的訣竅

工作不順心、工作意願不高的上班族，常常在換到另外一家新公司工作之後，會一改以前的情勢，而充滿衝勁、工作熱忱。這種現象可以稱為「履歷抹消效果」，也就是把過去不行的自己的印象從心中排除，然後在新的環境中，展現出全新的自己。

新學期開始時，學生也經常會產生這種現象。上學期成績表現不佳、完全喪失自信的學生，經常會藉著長期的假日，把過去不行的自己完全忘掉，而在新學期開始時就全心致力於書本上。而且恐怕學生本身也沒有注意自己的心理狀態的變化！這種「履歷抹消效果」經常會出現在新學期開始時，只要學生能善加活用，必可得到極佳的效果。

也就是說，腦中完全斷絕「會」、「不會」的評價，而呈白紙狀態時，只要集中讀書的密度，它便可以有如水倒入乾燥的沙漠中的速度，快速地吸收、儲存新的知識。而且也能藉

此機會恢復自信，所以大家務必把握新學期開始的絕佳時機。

36 ・活用時間的訣竅

吃飯八分飽，也可以提高讀書的效率

正如大家常說的一句話：「吃飽就會想睡」，吃得太飽，對於必需保持靈活頭腦的讀書，的確是一大禁忌，這是由於心理的需求得到滿足，而會影響到精神層面的緣故。就食慾正旺盛的考生而言，要他們為了考試而不要吃太多，也許是蠻殘酷的，但是撐飽著肚子坐在書桌前唸書，其效率不佳也是不爭的事實。總之，大吃、大睡，然後在短時間內把儲備的能源完全爆發出來，絕對不是理想的讀書方法。

雖然說吃得太飽是讀書的大敵之一，但是空腹也會妨礙思考活動。所以「八分飽」是讀書最理想的狀態。

有效地使用一天二十四小時的時間，並不是消極地縮減睡眠時間、吃飯時間，而是知道如何把三十分鐘變成二個小時、三個小時來利用，因此，有必要了解飲食和頭腦運作的關係。

37 疲倦時的積極休息，可以提高讀書效率

・活用時間的訣竅

疲倦時只是靜靜地、呆呆地休息，效果並不好。頭腦疲憊時前後左右扭動脖子；頭腦昏沈不清時，聽聽音樂、或倒立等，積極地行動，才可以完全消除疲勞，使身體得到真正的休息。這種情況以發明條件反射而著名的巴夫洛夫的老師生吉艾諾夫的名字來命名，稱為「生吉艾諾夫現象」，大腦生理學方面已經明確指出積極休息法的效果。

根據生吉艾諾夫的研究，光是休息，倒不如動一動其他部位的「積極休息」，因為後者可以使接著的作業效率提高百分之六十～七十。坐在書桌前讀得厭煩時，不妨在房中來回地走動，再回到書桌前，與靜靜地坐著休息比較起來，就可以知道前者對讀書的效用了。

38 感到疲倦時，通學的公車是最好的休息場所

・活用時間的訣竅

公車中可說是社會的縮影，可以看到各種不同的「臉孔」。

有的人正不安地東張西望、有的人正閉目養神、有的人則看報紙、有的人正張開大口大

打哈欠……等，各形各色的人都有。其實，在這吵雜煩亂的環境中，只要能善加利用、在鬧中取靜，仍然可以得到極佳的效率。

而其中最大的活用法是，補充睡眠。有的考生會利用通車的時間背背英文單字、數學公式，這都不是很好的作法。對考生而言，應該把握讓腦子休息的機會，休息之後，才能充分發揮其作用，因此不妨利用通車的時間閉目養神，甚至睡一覺，都是很好的作法。

39 加快日常生活的拍子，可以培養出應付考試的強韌「體質」

・活用時間的訣竅

預定在一天二十四小時之內做很多事的話，便會乾脆俐落地處理一件件的事情，因此每天的生活步調當然非加快不可囉！而且也必需把生活分成一節一節，且隨時加以轉換，例如讀書一小時、晚飯三十分鐘、休息三十分鐘、洗澡三十分鐘……。養成這種習慣的人，就會懂得把握忙碌生活中的空隙時間，打打高爾夫、種種花草等，十足享受生活的樂趣。相反地，只有忙得沒有休閒時間、及一年到頭發牢騷的人，不懂得把生活分段，因此工作、雜事處理得一塌糊塗。

這種現象並不限於工作方面，準備考試時也是同樣的情形。快速的生活節奏、懂得妥善轉換飲食、遊戲、讀書等時機的考生，在短時間內就能把握讀書的要領、讀完計劃的部分，因此大都有考取的勝算。換句話說，快速步調的生活習慣，在不知不覺間可培養出應付聯考的強韌「體質」。因為所謂的「考試」，就是必需在預定的時間內作完規定的量，所以加快日常生活的節奏，是訓練自己適應考試的好方法。

40 睡覺之前寫日記，可以睡一頓好覺

・活用時間的訣竅

誰都有過這樣的經驗：睡覺前心中有不順心的事、不安時，往往會輾轉難眠。由此可見，無法達到心中的要求，是安穩睡覺的最大敵人，而如何擊退最大敵人，也是一大難題。

向親人、朋友傾吐心中的煩惱、不安也是很好的方法，不過青春期的年紀，誰也不願老實說出心裡的不安、煩惱。

當時的我就把日記當作傾吐的對象，睡覺之前把心中的不滿、煩惱、不安全告訴日記，之後便能安安穩穩地睡一覺了。提供此方法供大家參考，大家不妨試試看！

考取與落榜的差別在這兒

時間編
3

○

感到焦慮不安時，身邊最好不要放鐘錶，可集中注意力

×

一直看時間，會使產生焦慮感

41 ・活用時間的訣竅
休息時間盡量地笑，可活化頭腦的運作

世界上，有躁鬱傾向的人為數不少。沒有歇息地參加所有的活動、一笑便笑得特別大聲的「躁」的狀態，加上無來由地感到消極、聲音極小、也懶得活動身體的「鬱」的狀態，交互出現的現象，就是所謂的躁鬱傾向。而準備聯考的考生很容易陷於「鬱悶」的狀態。

心情處在「鬱悶」的狀態，當然無法提高讀書的效率，而且以這樣的心理狀態面對聯考的話，也沒有把握考取！所以有必要驅走陰鬱的心理狀態，努力讓自己笑出來是一種好方法。即使自己笑不出來，而分享他人的歡笑也可以。

例如，在書房待不住的話，大約唸了九十分鐘之後，可以到居室和家人聊聊天、或看看喜劇的電視節目也可以。如果不願意離開書房的話，休息時間也可以看看好笑、不必花大腦的漫畫。

如「和氣致祥」這句諺語所說明的，微笑、和氣不僅可以使心情暢快，而且還可以活化頭腦的運作，而提高讀書的效率。

42 感到疲倦時，倒立可達到轉換心情的效果

・活用時間的訣竅

以大腦心理學的觀點來看，採取倒立的姿勢，可以促進血液的循環，以達到腦細胞的各個角落，而供給腦部氧氣，因此使頭腦變得更加清晰。

讀書陷入低潮時，誰都會胡思亂想。後來如果能順利找出原因、對症下藥就沒事了，萬一找不出原因的話，可就逃不出低潮的困境。

但是，太過於追究原因，則會愈陷愈深，終至無法自我的地步。所以，這時候倒不如做做倒立的動作，達到轉換心情的目的就可以了。

43 有午睡，一天可多出一倍的時間

・活用時間的訣竅

一天之中，以上午十點和下午三點，是效率最好的兩個頂點，不過兩者相較之下，以上午十點的效率更高一些。根據蓋茲這位學者的研究，唸書等精神方面的作業，適合在上午進行；而運動方面則以下午比較能夠表現出好的成績。

頭腦運作有這種特徵，主要是和睡眠有極密切的關係。大致來說，中午過後到下一次睡眠之間，腦波有愈來愈低下的現象。

由此可見，的確有必要睡午覺。頭腦全體運作低下，藉由午睡，可能可以使它的運作再度復甦，也就是說，使午後和上午保持相同的運作情形。而且，蓋茲的研究也指出午後一小時左右，是頭腦活動最低落的時候，即使你用功讀書，效果仍然不好。因此，午飯後，以一點為中心，睡個二十分鐘、三十分鐘的午睡，不僅善用了這段無用的時間，而且可提高接下來的讀書效率，可說是發揮了一石二鳥的效果。

所以，午睡對考生而言是相當重要的，萬一睡不著，也應該作充分的休息。

44 茶葉具有醒腦與解除緊張的效果

・活用時間的訣竅

早上剛起床時，身體的狀況還沒有從晚上的狀態轉換成早上的狀態，所以誰也會感到迷迷糊糊的。以心理學的觀點來看，這種睡眠狀態必需在起床後一～二個小時，才可以得到完全的解除。

但是，早晨一起床非得立刻唸書不可時，就必需有一顆清醒的頭腦。這時不妨泡杯茶喝喝！茶葉和咖啡一樣，具有醒腦的作用，另外茶葉還富含維他命C，所以也具有消除緊張的功用。大家不妨試試看！

45 對於外在的節奏與內在的節奏加以適當地調整，有助於讀書效率的提高

・活用時間的訣竅

每個人都會因其職業性質或家庭關係，而具有其獨特的時間概念，這就是所謂的「外在的節奏」。如果是上班族，就會把一天分成上班時間和下班時間，進而把生活分成工作天與週末；學生的話，就會以各個時段來分割一天的節奏，進而該節奏以星期為單位，一再反覆地進行著。就像這樣，不管是上班族也好，學生、家庭主婦也好，每個人都會因為其所在的社會地位，而有配合生活的不同的節奏。

然而，另外一方面，人類肉體也有其本來的生理節奏，也就是所謂的「內在的節奏」。一到晚上會想睡覺、春天的午後會昏昏欲睡……，這都是內在節奏的緣故。

常常有學生埋怨道：無論再怎麼用功也無法提高讀書效率、無法依計劃順利進行下去！其原因很多，有時候是內在的節奏與外在的節奏沒有互相配合所導致的。也就是說，分割時

段的外在節奏與腦的運作的內在節奏沒有一致。這時候，不要勉強內在節奏去配合外在節奏，只要試著改變一下外在變奏，就可以有效地使用時間。

例如，頭腦運作比較靈活的上午、一週開始時，就專注於必需使用頭腦的部分，而頭腦運作已漸衰退的下午、一週的後半段，不做做不太需要使用到頭腦的部分，如整理筆記、活動一下身體等。

46 盡情地做可以使頭腦清醒的打哈欠、伸懶腰，絕對是有益的

・活用時間的訣竅

有些精神論者提出：認真唸書時，如果頻頻打哈欠、伸懶腰，會使精神鬆懈、注意力無法集中。

其實，這是很大的錯誤，打哈欠、伸懶腰反而具有醒腦的效果。當然，打哈欠並不是我們的意志所能控制的，換句話說，它和意志無關，而是出自於生理有這樣的需求所引起的。

總之，打哈欠是一種深呼吸的作用、伸懶腰是一種拉長肌肉的作用。肌肉中有無數個叫做肌紡錘的感覺器官，肌肉一緊張時，肌紡錘便會把此信號送到相對應的腦部。這項作用可以該腦部直接知道肌肉的緊張、鬆弛情形，同時可以啟動腦幹的網樣體，以刺激腦細胞，因

此就可以使迷迷糊糊的頭腦得到清醒，而使頭腦再度恢復活力。

總之，盡情地伸懶腰、打哈欠，絕對是有益的！

47 想迅速寫好筆記，最好是使用軟芯鉛筆

・活用時間的訣竅

很多考生都會注意到字跡應該盡量寫正確、工整，但是幾乎沒有考生會留意寫字的速度。

寫字的速度，也就是筆記的速度，對人類的思考活動而言，占非常重要的地位。儘管腦中的思緒如何迅速地向前馳騁，但是寫字的速度很慢，而無法用手把它表達出來的話，往往就無法歸納腦中的思緒。例如，在腦中已大致了解其含意，但是寫出來的文章，卻是一竅不通。常常會有這樣的情況發生。

為了避免發生這樣的情況，平常寫筆記的速度應該盡量快些，而且有必要養成一想到、聽到的事物，就立刻以文字的方式把它表現出來的習慣。不過，要達到這種程度並不容易，所以，剛開始的階段先加速寫字的速度。

因此，唸書時盡量使用軟芯的鉛筆，而且字跡大些。使用軟芯鉛筆，當然會比較好寫，

而要求字跡大些的目的，是要大家一筆一劃寫清楚，經過這樣的練習之後，不僅字寫得快，而且工整不潦草。這麼一來，正式考試時一定能夠更得心應手。

考取須知

第三章　參考書、題庫活用術

・參考書、題庫活用的訣竅

48 選擇參考書、題庫時，應選擇和自己「性情」相投的

有的考生特意去選購參考書時，仍然會選到內容執拗、無法吸收的參考書。這種參考書對你而言，內容不是高於你的實力所及，就是太過於簡單，總之，就是和你的「性情」不合。而使用不適宜的參考書，可說是一點效率也沒有。

這類參考書務必立刻捨棄，換成和自己「性情」相投的。選一本參考書時，只要看兩、三頁，就可以知道適不適合自己。選到「性情」相投的，唸起來必可得心應手，消化速度之快，連自己都會大吃一驚。順此情勢，對於其它的科目也會造成良好的影響，而使自己愈讀愈投入，愈投入則愈有心得。

選擇題庫時也是同樣的情形。解答只寫上標準答案，當然不夠完整，最好是選擇把整個解答過程都列出來的題庫。

因此，想提高讀書效率，務必謹慎選擇參考書、題庫，一定要選擇和自己「性情」相投的。

・參考書、題庫活用的訣竅

49 每次看書時，都大致瀏覽一下參考書、教科書的目錄，可及早掌握重點

歐斯貝爾這位學者，曾進行以下的實驗：

在某所大學裡，把學冶金學的學生分成兩組。然後，其中一組第一天就直接進入正題，讓他們學習冶金學；另外一組則先告訴他們：「何謂冶金學」，概略地說明之後，再進入正題。結果，後面這一組雖然起步較晚，但是最後所表現的成績卻比第一組好。

該實驗所引申出來的是「有意義需要學習」的理論。該學習者先概略地觸及將要學習的內容的概念，儘管不是十分了解，仍然有助於學習者及早學習具體的內容。

這項理論當然也適用於讀書方面。其中的一例就是，利用教科書、參考書的目錄。看參考書、教科書時，如果沒有從前面，而是從中途開始看的話，只看目錄當然還是無法了解前面的內容，不過，每次打開書本都瀏覽一次目錄，即可知道目前學習的部分在該本書中所占的位置，而且也比較容易掌握前後章的關係。因此每次學習之前，先進行「學習前的指引」——瀏覽一次目錄，是提高學習效率的好方法。

•參考書、題庫活用的訣竅

50 不要侷限於參考、教科書的編排順，先從簡單的部分開始

參考書、教科書都依照章節順序來編輯，因此有不少考生就認為非按照其順序唸下去不可。其實，未必如此。

就考生的心理而言，看到眼前厚重的參考書、排滿鉛字的教科書，的確令許多考生厭煩不已。不過，如果把厚重的參考書解體，分成一小本、一小本，結果會怎樣？眼前的參考書變成薄薄的一本之後，當然比較容引起學習的動機，注意力應該也會因此提高許多。

不過，還是不要把參考書分解得太零碎，甚至撕成一日一日的份量。只要從簡單的部分開始進行就可以了。從容易理解的部分開始讀，即可製造出強烈學習的欲望。

一般而言，撕書是不好的行為，但是逼不得已的情況下，它何嘗不是提高自己學習興趣的方法之一。

・參考書、題庫活用的訣竅

51 在關鍵字上作記號，可提高復習、記憶的效率

教科書、參考書盡可能多複習幾次，因此進行時就有必要加快閱讀的速度。而只是簡單逐字地看的話，根本無法進入腦子裡，達不到復習的效果。因此，要達到快速復習，又能夠理解、記憶的效果，就必需在方法上下一番功夫。

建議方法之一，復習參考書、教科書時，看到關鍵字，則圈起來或畫上紅線。在教科書中的重要部分畫上紅線，雖然不是什麼別出心裁的方法，不過也是一種讀書的訣竅。但是作記號時，並不是整段、整節地劃，而是選出最重要的句子，作上記號即可，所選的句子盡可能愈短愈好，但是必需在你看到這些短句，即可了解本章的內容為主。

這麼一來，就可以「速讀」有關鍵字的部分。

人類具有「全景視力的能力」，看到事物時，雖然無法看到細節部分，不過仍然具有鳥瞰全體景象的能力。因此，清楚標明關鍵字，更容易使這項能力充分發揮出來。結果，當然可大幅提高復習的能力。

藉由擷取關鍵字的訓練，進而，即使沒有在文中作上記號，仍然具有迅速掌握整篇大意的速讀能力。

另外，隨著「速讀」的效用，也可提高「記憶」的能力。因為在長篇的文章中，標上醒目記號的語句，比較容易鮮明地刻入記憶囊裡。而且有這種印象的語句，考試作答時也較容易聯想起來，不會漏掉重要部分。

52 「不知道哪兒不了解」，應先確定「了解到哪兒」

・參考書、題庫活用的訣竅

看參考書、題庫時，有時會頭腦亂成一團、漫無頭緒，儘管有不了解的地方，但就是「不知道哪兒不了解」，因而找不出解決問題的線索。這時候千萬不要焦急，焦急是解決問題的一大禁忌。

既然「不知道哪兒不了解」，不妨引用禪學的觀念，就把這個問題擱在一旁，當作永遠沒有解決之道。不過，這時候應試問自己：「了解到哪兒？」

這麼一來，應該很快就可以找出問題所在。然後擬定自己的程序，再依照順序去思考，只要能追溯到出發點，就可以知道不了解的地方，以求解決之道。

考取與落榜的差別在這兒

參考書編
1

○

把參考書、題庫細分成一小本，再從簡單的單元開始

×

拘泥於參考書、題庫的編排方式，可能會時常遭遇挫折

53 多看幾本版本不同的參考書，有助於理解及提高效率

・參考書、題庫活用的訣竅

大多數讀書指南方面的書籍，都會建議考生應該從頭到尾徹底看完一本參考書，其實並不然。

每本書都有其固定的作者、編輯者，而作者、編輯者也是人，所以都有其習慣、嗜好。因此，即使是寫相同主題的部分，某本書的A處比較容易了解，而另一本書的B處則能夠給人深刻的印象。哲學家柏格森曾說過：「兩百頁的書中，如果有十處是你所想要的，就應該心存感謝！」

的確，背過一次的東西，想再一次裝入腦子裡，反覆看同本參考書，是有其效果，不過，即使看過很多次以後，所能理解的範圍也只有逐次地增加少許而已。因此，以效率方面來考量，並非良策。

就考生而言，看過兩、三次仍然不懂的部分，再看一次依然無法進入腦子裡的情況也不少。這時候不妨看看不同作者所寫的參考書，一向不懂的部分往往就迎刃而解。

54 「背誦部分」和「理解部分」交互看，可提高讀書成效

・參考書、題庫活用的訣竅

這裡有一本教科書和一本單字集。如果你的英文成績很差，想在暑假這段期間每天唸一個小時，那麼以下兩種讀書方法，你會選擇哪一種？

①每天教科書看五十分鐘、單字集看十分鐘，一個小時中這兩種交互著看。

②最初的二十五天，每天看一小時教科書，以打好基礎，最後五天再看單字集。

我們先講結論，①的方法可提高讀書效率。教科書和單字集交互著看比較好。

這以學習理論來說，是必然的道理。教科書等，主要是教導該科的原則，屬於「理解部分」，和反覆訓練的「背誦部分」，對頭腦而言是屬於不同的使用方法。人類的頭腦，一直使用相同的方法，很容易感到疲憊。也就是說，「理解部分」與「背誦部分」分開，而且在一定的期間內只持續進行某一方面，而愈「徹底」進行的話，效果愈低下。

這是消極的理由。而以積極的理由來說明，也是認為「理解部分」、「背誦部分」交互進行比較好。「理解部分」始終是屬於原則、一般性的範圍。而所謂的學習，經常是「把學習到的原則，試用在具體的事物上」，「從具體的事物中導出一般性、原則」，就是「抽象→具體」「具體→抽象」這樣反覆進行的作業。

法。特別是英語的教科書和單字集等，更能顯著地表現出這種效果。

因此，也可以說「理解部分」和「背誦部分」交互著進行，是達到真正理解、精熟的方

55 把精通、熟練的參考書籍堆在眼前，可產生自信

・參考書、題庫活用的訣竅

我曾在雜誌上讀到這樣的報導，美國一家屈指可數的出版社的總編輯，從六歲起就以「把工作當作比賽」做為生活中的鐵則。為了不浪費時間、遵守這項原則，他說：「如果自己有效率地處理工作，相對地，就會給自己看得見的報酬。」而且長期下來都是這樣實行。

他的方法是：把待處理的文件、信件、原稿等放在辦公桌的左側、沙發等，總之，就是當自己坐在辦公桌前，手可觸及的範圍。然後，把處理完的部分移到桌子的右側，就像這樣以自己為中心，把「未處理」和「處理好」的部分分開來。

接著就以「處理好」的部分堆積的高度，來判斷自己的工作效率、及是否有效使用時間等情形。這就是所謂的「看得見的報酬」。他說：「當他專心致力於工作時，看到處理完的東西堆積如山，自然會產生一種成就感，因而更提高工作的意願！」

這種方法應該也可以應用在讀書方面。已經作完的題庫、背過的單字集等，都不要丟掉

，然後把它們堆在看得到的地方，一方面可確認自己有效地使用時間，另一方面應該也可以勉勵自己不要浪費時間。

56 ・參考書、題庫活用的訣竅

看第二次時，再畫線、作記號

想提高閱讀參考書、教科書的效率，基本上來說，就是發現重要部分、及有可能出現考題的重點，然後再專攻這些部分。其方法之一就是畫線，不過有不少考生，一買參考書就開始畫起線來。總覺得這樣才有唸書的情緒，其實這並不太有效率。

第一次看參考書、教科書時，首先必須清楚地區別出重要部分和不重要部分。因此，閱讀第二次時再作記號、畫線，才是更有效率的作法。如果在不重要的地方畫上線，然後反覆閱讀這部分，想必是無法提高效率的。

57 ・參考書、題庫活用的訣竅

進行「難易程度的檢查」，可使題庫的效果加倍

觀察考生使用題庫的方法時，可發現到傾向於「作完棄置」，及拘泥於「必需作到第幾頁」的進度。但是，題庫可比喻是自己邁向成功或失敗的「記錄簿」，因此，不再回過頭來看一看，實在有些可惜。

回頭看做過的題庫，不僅可自我檢查，而且也能夠看出往後努力的重點。

所以，試著在題庫上下點功夫，再重新看時，則會有很大的幫助。建議大家可以把當天作完的題目區分一下其難易程度。例如：①順利完成——藍色、②需要花點時間才完成——黃色、③做錯的——紅色、④完全不知如何下手——黑色等，可以以顏色來標明難易程度。

這麼一來，題庫作完之後，再重新看一次時，自己的弱點在哪兒，便可一目了然。然後再針對弱點好好加強一番——②以下作重點的復習、以③④為復習的中心，這樣做不僅效率極佳，而且也不致於放過不會的部分。

58 測量解答一個問題所花的時間，就不會遺漏自己的弱點

・參考書、題庫活用的訣竅

作錯的題目和會作的題目比較起來，後者反而隱藏較大的風險，因為對於會作的題目，也許會認為「太簡單」而不當作一回事也說不定。但是，陷入這樣的「陷阱」裡，往往自己

都沒察覺而持續到聯考，結果有不少考生因此落榜。

會作的問題中，還包括輕易解出來的問題；經過苦思之後才得到解答；偶爾無意間作對的問題等。這全部都是「會作」的範圍——自己確實理解的部分、還需要下功夫才會更了解的部分、及無法區別的部分。

不過，後來復習時，即使是自己的弱點部分，也會因為上一次作對，而認為不再作一次也沒有關係，因此，往往到了聯考時這部分仍然「未消化」呢！

所以我建議大家，每作完一題不妨測量一下花了多少時間，再把所用的時間寫在該題的旁邊。

把解答問題所需的時間都寫在題庫上的話，後來復習時，儘管看到自己以前都做到了，但也能夠事後一一想起哪一題是經過苦思之後才得到解、哪一題是順利作出來的等情形，都能夠一一掌握。

甚至，選擇題方面的問題等，碰巧猜對的情況，也應該確實寫出來。這麼一來，再作一次題庫時，對於輕易作出來的問題即可略過，而把重點集中在作錯或好不容易才得到解答的問題上，這樣不僅具有效率，而且也不必耽心沒唸到弱點的部分。

59 ・參考書、題庫活用的訣竅

時間不夠時，作題庫即使只看解答，仍然可增加實力

大部分的考生著手作題庫，往往都會按題號順序一題一題作下去。這麼做並不是絕對沒有用，不過想在聯考之前把這本題庫作完，可能就無法如願以償囉！因此我建議各位考生作題庫時，先衡量時間的長短，再挑著作，例如，只作奇數號、或只作偶數號。時間不多的話，五題選一題來作也可以。總之，應該依時間的多寡，懂得隨機應變。

這麼做時間仍然不夠的話，「只看解答」還是具有增加實力的效果。因為，題庫是網羅該科目的重點部分，比起看內容差的參考書，要來得有效率。

作題庫時，大部分的人都抱定不先看解答、自己先作的觀念。但是以拿取分數為目的的聯考來說，捨棄這種「固定的觀念」比較好。特別是社會科等背誦的科目，這種方式往往可得到極佳的效果。

60 花了十五分鐘仍然解不出來的難題，還是翻解答來看吧

有不少考生常常埋怨，參考書、題庫的進度總是太慢、進展得不順利。而進展不順利的一大理由是，太過於「認真」。一遇到困難的問題時，心裡想無論如何一定要把它解出來，因而絞盡腦汁、盡其所能的思索，時間就這樣一分一秒地過去了，結果當然無法依計劃順利進行下去。

但是，聯考時的時間也是勝負的關鍵之一。而遇到解不出來、困難的問題，還是固執地要把它解出來，這樣往往會造成許多時間的浪費。因此，平常作問題練習時，對於作法方面也有必要下一番功夫。

面對困難的問題時，不妨翻解答來看，反而比較好。因為由解答來追溯問題，往往比較容易掌握該問題的目標、宗旨，多多少少也可增加一些實力。

尤其在考試迫近時，更是有效的方法。大致來說，進入即將考試的時期，誰都無法平心靜氣地解答問題。這時候即使能夠沈著解答困難的問題，進入腦中儲存的可能性仍然不大。

因此遇到困難的問題，決定翻解答來看，不僅可以節省時間的浪費，而且可大幅提高效率。所以，應該除去「得先作出來，再看解答」的觀念。

61 配合自己的讀書計劃，把題庫重新編輯

「我買了兩本相同的題庫，所以考取了！」這是某家雜誌發表考取大學的考生的經驗談。當我了解該考生的實際讀書方法時，的確深受感動。

那位考生的讀書方法是這樣的：拿到新學期的教科書時，首先大致看過一遍，然後再去找題庫，從各種版本的題庫中，找出與教科書的內容最接近的，而且買兩本。

接著，用剪刀把它剪開來，再貼到其他的紙上、一頁一頁貼好。買兩本的理由就是為了進行這項作業。

第三個步驟，把問題和教科書作個比照，然後把相關連的教科書的頁數寫在問題旁，再依寫上的頁數順序排好。

這樣就準備完畢。接著依照自己的讀書計劃和學校課程的進度，以教科書的段落（例如章、節）為主，然後作配合該部分的頁數的題庫。完全作對的話，就向前繼續進行下去，如果有作錯的話，則回過頭去看和題庫相同頁數的教科書，然後再回到問題上。

回到反方向，以製造修正錯誤的機會，且更接近正確的「値」的方法，情報理論上稱為「回饋」，這位考生正是實行這種方法。

這本雜誌介紹這種方法是克服物理、化學、數學等理科的好方法，其實用在其他的科目上更是不用說。

62 ・參考書、題庫活用的訣竅

題庫的解答，最好每作一題「立即確認」

常常看到考生作題目時，都會先預定好作到第幾頁，再對答案。我認為這並不是很好的方法。也許你會認為統一對答案，比較有效率可言也說不定，但是沒有對答案的情況下，作出來的答案到底是對還是錯，總會在心中存疑，而降低了作題目的效率。

心理學上也認為，對於自己所作的事情，立刻給予回饋（立刻知道結果），之後的作業比較能夠作得正確。馬克華森這位心理學者，以○・七秒按一次電鍵的單純作業，然後比較知道結果與不知道結果的情形。

首先，步驟Ａ，被實驗者讀取電流計的刻度，讓他們知道所進行作業的結果，這麼一來，錯誤的反應數有明顯的減少現象。接下來，步驟Ｂ，被實驗者不可以看電流計的刻度，而進行同樣的作業，結果錯誤的反應數增加一倍。由此可見，進行某項作業後，立刻知道其結果，可提高作業的準確度。

因此，作完一個問題，儘可能早點提供回饋，也就是知道其結果，是非常重要的。

63 隨便選問題來作，可培養聯考的實力

・參考書、題庫活用的訣竅

聯考時是否能充分發揮實力，與看到不習慣的考題類型時，心理狀態的動搖情形大有關連。看到完全沒接觸過的題型時，腦中會閃過一個念題：「這下完了！」而往往使頭腦的回路瞬間停止。其程度較嚴重的人，則會影響到解題的能力。

為了防止這種情況的發生，平常就應該有心理準備。其方法之一——隨意翻開題庫，「啪」翻到哪一頁，就作那一頁。

這項練習，在讀書已接近完成某種程度時來進行，更可發揮出威力來。

最初的階段，使用這種方法的話，所有的問題幾乎都不會寫，所以效果並不大。因此進入完成階段，再「啪！」一聲翻開題庫，試著作作看！對於不會作的問題，也不要磨菇太多的時間。預定十分鐘的話，就花十分鐘，而在這十分鐘裡專心作答就可以了。

這樣反覆進行之後，即可大幅減低信心動搖的情況，而能充分發揮平常應具有的實力。

64 以限制時間等方式，把題庫當作機智問答的遊戲，反而可以進行得順利

・參考書、題庫活用的訣竅

在「強迫」的情況下唸書，唸書當然是一件不愉快的事。而同樣是使用頭腦的作業，為何比賽是愉快的；唸書是痛苦的事呢？

除了比賽之外，還有一般的遊戲也都是令人愉快的，主要的原因是在於它們具有立刻知道結果、成果的魅力。

例如，把石頭抛向海這類單純的遊戲，它的趣味主要是立刻知道石頭飛向哪個方向、抛多遠。如果在無法知道結果的黑夜玩這類遊戲，當然就不能產生趣味了。

這項原理，應用在準備考試方面，也是受用無窮。因此，作題庫時，不妨把它當作機智問答，可以先設定好在多少時間內要完成它，然後再看看自己的實力究竟如何，總之，就是使自己能快樂地作答。

興趣，是唸書的最大動力。

65

・參考書、題庫活用的訣竅

閱讀國語的閱讀測驗時，應注意到「結果」、「也就是說」、「總之」等連接詞

到目前為止，從學術專書，到應考叢書，我已寫過各類的書籍。不管寫哪一類的書，執筆時我最在意的是，自己想表達的意念，是否能讓讀者完全理解。演講時，聽衆的現場反應，可以直接知道他們了解多少，但是寫書的情況就不同了。根本無法得知讀者的現場反應，因此，我都會用「結果……」、「總之……」、「也就是說……」等連接詞來歸納文章的大意。這種方式並不是只有我採用，只要是寫文章的人，誰都會這麼做。

因此，閱讀國語的閱讀測驗時，看到這些連接詞出現時，應該特別注意。連接詞之後所敍述的，常常都是整篇的文章的結論，所以應該仔細閱讀。

66

・參考書、題庫活用的訣竅

「題目出得不好？」作題目的過程中有時應該持有這樣的疑問，對於正式考試也會有所幫助

考取與落榜的差別在這兒

參考書編
2

○

遇到難題，預定的時間一到，就翻開解答來看

×

遇到難題仍然堅持非解出來不可

我在學生時代，也常常為棘手的數學考題傷透腦筋。當時，無法解出來的話，我總是很生氣地把問題歸咎於「題目出得不好！」而不認為是自己能力不夠，然後把這題擱在一旁，又著手作其他的題目。結果，都能順利地把剩下的題目作完。不過，有好多同學似乎浪費太多時間在那一題上，因此沒有多少時間可作剩下的題目。老師告訴我，考卷中難解的題目之後剩下的題目，能作完的經常都只有我一個人。

其實，當時老師刻意插入解不出來的難題，是為了試驗學生的反應。由於我個人天生性情急躁、沒耐心，卻因此沒落入陷阱裡，反而得到比其他同學還要好的成績。

許多學生對於試卷上的考題，認為是上面給我們的，所以具有權威性，而不容置疑，深信絕對有其正解，這種情況也可說是學校教育的弊害。由於學生如此深信不疑，所以根本不可能懷疑問題本身。但是大家又過於熟悉每個問題應該都有其正解的觀念，因此，注意力就離不開「得不到解答」的難題了。

一直得不到解答時，不妨試試我的作法：「大概是題目出得不好，才會得不到解答」，有了這樣的想法之後，再一次仔細看問題本身，這點十分重要。也許你會就此發現問題本身果然有錯誤，或者是自己看錯題目也說不定。

67 常常作錯的問題，應該重新徹底地思考問題本身

‧參考書、題庫活用的訣竅

每次考試老是錯同樣的問題時，你心裡一定會想：「非加緊練習不可！」因而往往一再重複作同樣的問題。

但是，這種作法果真可以順利地克服棘手的意識觀念嗎？這還是一大疑問呢！其實，常常會導致，不僅沒有克服它，反而愈陷愈深，而到無法自拔的地步。

以心理學上「正反應的強化」「誤反應的強化」的概念來考量其原因，這種作法正是「誤反應的強化」。處於愈容易犯誤反應的狀態，把自己趕進去的可能性即愈高。

這種情況的「強化」，就是「反覆進行」的行為。它如同這句話所說的：「壞習慣，愈是反覆去做的話，愈難改！」藉著重複進行來強化「錯誤的反應」時，對本人而言，根本也分辨不出「錯在哪兒」。經常作錯的問題，含有自己也沒有察覺的「錯誤反應」，因此，愈是反覆作這類的問題，愈是強化了「錯誤的反應」。

為了遠離此惡性循環，首先最重要的是，必需停止反覆作這類的題目。

然後，針對作錯的問題本身再重新徹底地思考一番。詳細地分解構成該問題的要素，而且對於在此之前自己認為正確的觀點，不妨再次提出質疑。

另外，最好也試著說出組織各要素的思考過程。

這樣做之後，大致上來說，都可發現自己從來也沒想過的「致命傷」。沒有疑問之後，才可以重複練習以往經常錯的部分。

68

・參考書、題庫活用的訣竅

舉行模擬考試之後，不應該把重點放在分數，而是去發現自己失敗的地方

有不少考生模擬考如果得到很好的成績，反而會仔細地複習；成績不理想的話，就把考卷藏入抽屜中，好像在躲開惡臭難聞的東西一般。這種心態是可以理解的。得到很好的成績，考卷一眼望去幾乎都是打「V」的，當然是百看不厭、且愈看心情愈好。由於錯誤的地方少，所以復習起來迅速多了。相反地，成績不理想、錯誤連篇的話，自己也不知道從何處著手，而且復習時看到自己暴露的缺點，想必是件令人不愉快的事。

但是，模擬考試是為了讓考生知道自己的弱點所在，而並不是為了得到很高的分數。因為考出來的成績很差，所以不願再看它，這就失去了模擬考的意義。

建議各位考生不要過於重視模擬考的成績，重要的是，考過之後應該知道自己錯在哪兒

、為何會錯，然後逐步改進。這才是模擬考的真正目的。過於重分數，往往會造成考試恐懼症，而無法充分發揮實力。

69 模擬考得到很好的成績，「復習」時更要謹慎進行

・參考書、題庫活用的訣竅

雖然自己覺得不好，但是有時考出來的成績卻比預估的還要好。看到這樣的成績不禁鬆了一口氣，不過，作起復習的工作時，往往會馬虎了事。其實，分數的高低，並不能完全代表程度的好壞。其中往往仍隱藏著你唸書時從未發現到的「盲點」。

答案卷發回來之後，應該再次審視自己的答案，想想考試時的情況，儘管答案正確，但其中應該包含苦思之下的產物，以及在許多迷惑的情況下寫出來的。

這都是你的弱點，不要認為得到很高的分數，復習時就可以馬虎了事，否則聯考時可能會欲哭無淚。

因此，模擬考試的成績比預估的還要好時，更應該謹慎仔細地復習，因為有些答案有可能是在你不了解的情況下作對的。仔細、耐心的復習，不僅可預防下次考試粗心大意，而且也可解決過去的盲點。

70 作英語題目時，字典應放在手無法觸及的地方

・參考書、題庫活用的訣竅

除了特殊的考試以外，英語考試是不可以攜帶字典的。因此，考試時所依賴的完全是儲存在腦中的東西。

平常進行英語的預習、復習時，考生總是習慣查字典。而英語考試對考生而言是相當棘手的一科，這與考生唸英語的「習慣」，想必具有某種程度的關連性。

因此，作英語的問題練習時，最好把英漢字典放在手拿不到的地方。使自己處於和聯考具有同樣條件的情況下讀書。

這樣約束自己之後，你就可以完全製造出面對聯考的「臨戰姿態」。即使看到完全不懂的單字、或從未見過的單字也沒關係，就是不要去查字典。實際的考試中，也必定會遇到不懂的單字，所以這種作法，也有助於你習慣聯考的方式，而且儘管有不懂的單字，但只要邊想像、邊閱讀前後文，往往就可以意會。縱使仍然無法得知其意，也是應該的，這麼想的話，也可以使考試時保持鎮定的情緒。

而且，每天進行不用字典、看英文的閱讀訓練，也能夠培養推理能力，聯考時即可從容不迫地作答。

考取與落榜的差別在這兒

參考書編
3

○

對於模擬考試應把重點放在錯誤的地方，而不要計較分數

×

以模擬考試的分數作為將來是否能錄取的標準

71 參考書、字典查過的地方，就在該處作上記號

・參考書、題庫活用的訣竅

有許多考生總是懊惱單字、片語等。而記不住的單字中也有不少是「不知道在哪兒看過」。因此，為了加深印象，看到這些不易記住的部分時，就應該在記憶上多下點功夫。

以前我在準備考試時，只是對查第一次的單字作上記號，如果再查到相同的單字時，就在單字簿上記上查過的次數。這麼一來，只要看單字簿就知道哪個字查得最多次，也就是最不易記住的單字，再針對這些單字多下點功夫。結果，就可順利地克服自己的弱點。

72 筆記最好只使用右頁，左頁留空白

・參考書、題庫活用的訣竅

有的考生抄筆記時，常常寫得小小的、密密痲痲的。問他們為何要這樣寫?他們的回答多半是「不要浪費紙張」、「習慣這樣寫」。但是，抄筆記是為了方便以後的復習，因此，基於這一點的考量，抄寫時就必需注意到是否便於利用。

例如上課抄筆記時，可以只使用右邊的頁數，左邊留空作為後來補充用。這麼一來，復

習時，有自己上課時所不懂的重點，即可參閱參考書，然後寫在空白之處。

・參考書、題庫活用的訣竅

73 小本筆記以兩頁為單位，比較容易歸納、整理

筆記本有大小不同的差別，而小學生時大多使用小本筆記，上了國中、高中之後，則變成使用大本的筆記。但是，我個人覺得小本筆記比較方便利用。特別是用來歸納各單元時，最好是使用小本筆記。

最好的使用方法是以打開的左右兩頁為單位，進行一個主題、項目的歸納、整理。左手開始部分寫頁數，其內容的歸納整理則寫至右邊頁數的下端，這是最理想的書寫方式。

創造工學的中山正和先生認為，人類的頭腦一次只維持十五分鐘的認真「轉動」，十五分鐘之後，難免會產生雜念。根據我的經驗，也是如此。閱讀小本筆記左右兩頁所花的時間，也剛好十五分鐘，換句話說，在雜念進入腦中之前，可看完一項目、一主題。而大本的筆記稍嫌長了些，往往還沒看完，就會產生厭煩之感。

小本筆記展開來的左右兩頁，不僅可以一次看完它，而且在翻到下一頁之前，還可以鬆一口氣，進而向下一個十五分鐘挑戰。這樣反覆進行之後，便會產生一定的節奏，而使復習工作進行得順利、達到很好的復習效果。

74 一本筆記寫完之後，應該製作附有標題、綱要的目錄

・參考書、題庫活用的訣竅

有的考生每寫一本筆記，就很滿意地把它視為珍藏品收藏起來。這樣根本無法發揮筆記的效用。因此，我建議各位考生，每寫完一本筆記之後，不妨對照課本或參考書的頁數，試著製作附有標題、綱要的目錄。

進行這項作業，必需摘錄內容的精華部分，因此就得對內容有全盤的了解，這麼一來，當然可培養出相當雄厚的實力。

而所製作的目錄的效用，在考試前的總復習階段，即可發揮得淋漓盡緻。只要閱讀標題，即使不看全文，也可以使全部的內容在腦中再度蘇醒，而達到極佳的復習效果。藉由這項作業，可以兼顧整理筆記及復習的工作，而且往後再次復習時，也可以省去查閱頁數的麻煩手續。

75 最好用活頁紙抄筆記，考前復習起來較方便

・參考書、題庫活用的訣竅

準備考試時，筆記是不可或缺的「道具」。而筆記是自己親手寫的，因此，應該具有記憶和在腦中整理重要事項的效果。

雖然這樣已達到作筆記的效果，不過，如果能再充分利用的話，它的效用就僅如此而已，看你怎麼善用它。

筆記的形式，從裝訂成一本一本的，到嬌小如便條紙般，可說應有盡有，但在此我建議大家不妨利用活頁紙來抄筆記。

用活頁紙抄成的筆記，必需時即可把需要的頁數抽取出來。例如，即將要考歷史，但對於「工業革命」那部分完全不熟，這時就可抽出這部分，利用等車、搭車的時間，再好好復習一番。

平常即使用該方式的話，聯考前就不需要再刻意作歸納、整理的筆記。

76　可以與幾個朋友一起分擔抄上課的筆記

・參考書、題庫活用的訣竅

學校的課程中，解說重要的問題、英語的解釋等，有時候一整節課下來，都在抄筆記。但是沒學過速記的話，實在很難趕上老師的速度。

遇到這種情形，不妨在上課前先和幾個朋友商量好：最初的部分誰抄、接著換誰抄：就這樣分配一下。對於必需了解深奧的內容，同時又得抄筆記時，這種方法值得推薦。沒抄到的部分，再和幾位朋友互相研究，順便也進行了課後復習的工作。

・參考書、題庫活用的訣竅

77 看報紙、雜誌時，應該養成用自己的話「總而言之……」，把內容作個歸納的習慣

有的學生對於課文的內容已十分了解，但是要他作個歸納整理時，反而會為了求內容的完整性，而過分拘泥於枝末細節，因而無法順利歸納出。這就是不得其要領的緣故。

這類型的學生，平常看報紙、小說等，最好試著用自己的話，把內容的大意作個歸納。因為不是正式考試，所以不需要把它寫成文章或記錄下來。只需要大概地自問：內容是什麼？然後再自答就可以了。

反覆這樣練習之後，即使遇到再複雜的內容，經過這麼歸納整理之後，就可以清楚地了解其含意。進而，對於自己以往「非兼顧枝末細節不可」的想法，感到愚不可及。

總之，這種方法可訓練自己如何掌握歸納整理的要領。

78

・參考書、題庫活用的訣竅

選擇字體大的書籍，可增加閱讀數量、培養應付聯考的實力

最近，銀髮族的人數愈來愈多，為了應付該趨勢，成人的書籍中，也增加了不少印刷字體較大的書籍。結果，得到大家的好評，其理由是，使上了年紀、視力較差的老人易於閱讀。其實，除此之外，還有其他的優點。

由於字體大，所以一頁的字數自然會比較少。閱讀時就可以很快地一頁接著一頁看下去。順此情勢，很不可思議地，閱讀的速度比看字體小、內容相同的書籍快了許多。而閱讀速度加快，也可增加對內容的理解，所以這可說是一石二鳥的方法。

就準備考試方面而言，也是同樣的情形。閱讀密密痲痲、字體又小的鉛字、一點兒也沒有進展的書籍，倒不如看字體大、有進展的書籍，會比較有成就感。

因為後者可以使你有「進展順利」的真實感受。同時也具有提高閱讀能力的效果。提高閱讀能力，不僅對於國語，對於其他科目的理解也都有所助益。因此，閱讀字體大的書籍，應該能夠培養應付聯考的實力。

第四章　應考術

考取須知

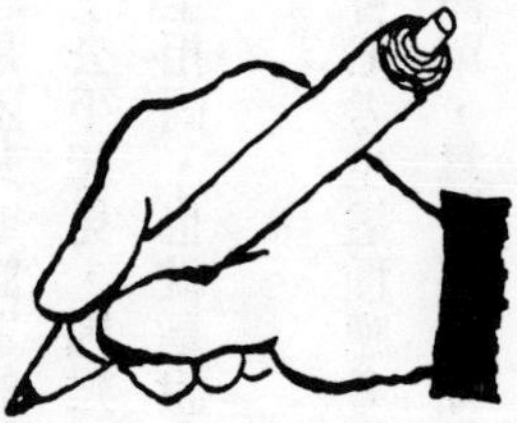

79 ・應考的訣竅

不常見的問題，大多是特別簡單的題目

考試時，你看到從來沒有看過的問題，或不常見的問題，是否就覺得它一定很困難，因此對它敬而遠之呢？如果是的話，那真是太可惜了！白白浪費可輕易得分的機會。不過，話又說回來，會有敬而遠之的反應，可說是人之常情。因為，人類對於自己不確定、不熟悉的事情，往往會表現出脆弱的一面。因此，我們也不難理解，為何人們對於不認識的人，總是表現出敬而遠之的態度。

換句話說，面對從未見過的問題時，人們往往會放棄判斷該問題是困難或簡單的能力。而對於熟悉的問題，則具有某種的判斷能力。就考試方面而言，為了公平起見，困難、簡單的題目，也會大約各占一半。因此，那些不常見的問題，應該也完全相同，也就是說，不常見的問題，並非都是困難的考題。

以我曾經擔任出題者的經驗來說，編入不常見的考題時，一定會把考生這種應考的心理列入考慮，所以，這類的考題自然地就會比大家常見的考題還來得簡單，具有基本知識的考生都可以正確地解題。因此，對於不熟悉的考題，千萬不要對它敬而遠之，勇敢地作它，這也是應考的訣竅之一。

話題愈扯愈遠，而不知道主題進展到哪兒時，誰都會再追溯回去，想想是如何進入目前的話題。

80 檢查答案時，從後面看回來，錯誤比較容易被發現

・應考的訣竅

這種「追溯確認法」，具有發現問題點的效果，前面已經敍述過。例如，即使是非常單純的驗算，如果和最初的計算相同，都是由上往下驗算的話，則很難發現錯誤所在。相反地，由下往上檢查，經常可以輕易地找出錯誤的地方。

人類的思考，一旦沿某一方向進行，即使有明顯的錯誤，但由於思考只是反覆沿同一路線進行，所以很難發現錯誤所在。因此，要輕易找出錯誤的好方法，就是逆向思考，只要逆向追溯回去，錯誤就很難逃出視線了。

聯考的評分，為了預防錯誤的產生，通常都是由三個評分人員來分別批改、計算，然後再核對。這種利用不同頭腦以產生「不同思路」的方式，我們只要利用「追溯」的方法，一個人的頭腦即可實現其效果。

81
・應考的訣竅

國文的閱讀測驗，如果沒有仔細看完結尾，不要急於作答

考國文時，有不少學生文章還沒看完就急於作答。這些學生由於對文章的內容還不十分了解，因而無法掌握其重點，所以作答時，就必需再重新看一次，這樣當然相當浪費時間，而且會引起精神的緊張。

不僅是國文，其他科目的許多考題也是如此。因為文章的結論當然是出現在接近終了的部分，而且也是整篇大意的總歸納、整理之處。因此一篇文章的結尾，往往是結論、重點所在，所以，如果你只是不了解結論的話，不妨再仔細閱讀末段，即可豁然開朗，而且也可節省閱讀整篇文章的時間。

82
・應考的訣竅

對於困難的考題，先跳過不理，最後再來思考，比較容易解答出來

相信誰都有過的經驗：對於考試的問題，會作的，考過就忘了；而不會的，則一直忘不

了，甚至在回家的途中，仍在思索它的答案。這恐怕是考試時不會作的緊張感仍持續著，使你在無意識之間，一直想要得到解答。

一般來說，人類對於未完成的問題和完成的問題比較起來，前者會促使人類持續更長的緊張感。

因此面對不會的考試時，不要一直埋頭苦思，最好繼續往下作會作的題目。最後再來思索不會的難題，反而能夠輕易得到解答。

也許有人會認為，把不懂的問題擱在一旁的話，想必無法得到好成績，這樣反而會影響到心情。但是，一直思索不懂的問題也未必能得到解答，只會白白浪費寶貴的時間罷了。與其這樣，倒不如對它置之不理，轉換心情去解答其他問題，也許因而聯想起其他原理，而掌握了解答難題的技巧也說不定。

83 考試也好、練習也好、動筆之前的時間，是勝敗的關鍵

・應考的訣竅

常年累月擔任監考及閱卷人員，我發現一個現象：一拿考題立刻振筆疾書的考生，成績大都不盡理想。由於考試有時間上的限制，所以希望快點寫的心態是人之常情，但是，事實

上就以「快點寫」這件事來說，動筆之前的仔細構想，不也是屬於快點寫的範圍。更何況，作答之前有無構思，所寫出來的答案，當然會有不小的差別。因此，考試也好。練習也好，動筆之前的仔細構思，是非常重要的。

84 ・應考的訣竅

縱使沒有作出答案來，但仍然應該把作答的過程寫在空白處

電腦，最近已普及於一般的家庭，儘管電腦的功能如此神奇，但是它仍然只是人類製造出來的機器，所以，產生錯誤也是在所難免的事。程式設計的錯誤等，中途計算紊亂時，一不小心就得重頭再來，而在此之前所花的時間就這樣白白浪費掉。

這對個人而言，的確是一損失，所以現在的電腦已設有中途重點檢查的系統，每到重點之處，即會把在此之前的結果記錄下來。這麼一來，即使有錯誤，只要啟動中途的重點檢查系統，針對錯誤的地方加以修正即可，因此，大大提高電腦的效率。

電腦這種處理錯誤的方式，也適用於考試上。對於聯考而言，如何在最短的時間內提高解題的效率，不用說，當然是最重要的。

例如，作數學A的題目，作到中途時，再怎麼苦思也得不到解答，只好放棄A問題，把目標轉向B問題，而最後再回過頭來作A問題時，又得重頭思考一番，這樣豈不非常浪費時

考取與落榜的差別在這兒

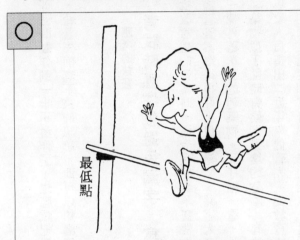

應考篇 1

○

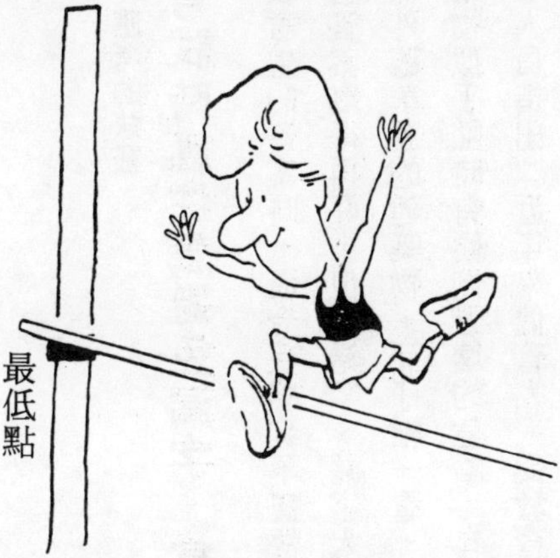

目標別訂得過高，才可以使讀書計劃順利進行

×

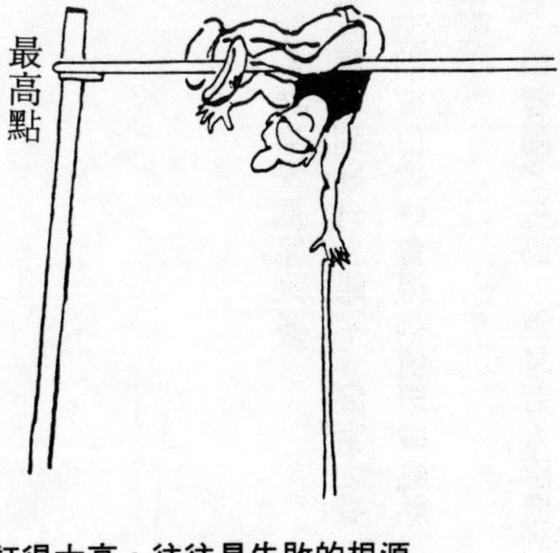

目標訂得太高，往往是失敗的根源

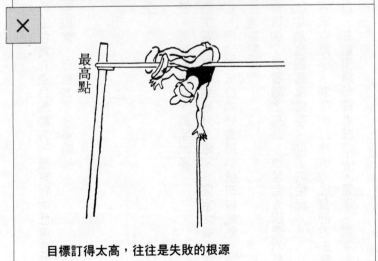

間。

即使問題作到一半不會作了，也應該把思考的過程寫在空白的地方，後來再次思考該問題時，藉著先前寫下來的訊息，即可以和腦部產生聯想，而節省了許多時間。

85 考試時應注意避免漏字、寫錯字

・應考的訣竅

批改考生的答案時，最令我感到不痛快的就是，考生的錯字、漏字太多。儘管答案寫得再好，但是錯字、漏字太多，恐怕就不易拿到高分。錯字、漏字太多，就好像一棟外觀華麗的建築物，而仔細一看，其支柱、門窗卻被白蟻蛀食得到處斑駁點點，這樣的建築物似乎隨時有傾倒毀壞的危險，有誰敢住進來呢！

專家人員指出：近年來儘管人人受教育的機會增加、學歷隨之提高，但是令人感慨的是，大家的國文程度卻有普遍下降的現象，這種現狀當然也包括寫錯字、漏字的情況。以嚴格的評分標準來決定是否考取的聯考，答案有錯字、漏字，自然會造成負面的影響，儘管答案寫得再好，扣分當然是在所難免。所以，在競爭激烈的考試之中，錯字、漏字太多，對個人的分數的確十分不利。

為了避免這種現象，平常唸書時就得特別注意，避免寫錯字和漏字。如果遇到沒有把握的字，最好查字典，以確保其正確性，養成習慣之後，才有可能在聯考的戰場上得到最後的勝利。

86 ・應考的訣竅
過度緊張時，反覆單純的肌肉運動，可消除該現象

緊張，是進行重大事件之前，心理、生理上的準備運動，因此，聯考會造成緊張，是必然的現象。但是，過度緊張往往會阻礙到思考的能力。緊張時，我總是會這樣想：「緊張的人並不只有我，大家都一樣！乾脆觀察一下其他人的緊張情況。」這麼一想，自己似乎就處於優勢，很不可思議地，緊張的情緒便隨之穩定下來。

萬一這麼做也不行的話，可以再給各位介紹獲得好評的好方法。那就是，拼命地寫字，總之，有意義地讓肌肉作單純的運動，都是清除緊張的絕佳方法。因為，人類藉著身體其他部位的單純動作，可以達到緩和精神的緊張狀態。

這種方法不僅適用於考場，同樣也可以運用於其他的場合，當你感到緊張時，不妨拿起垂手可得的紙筆，拼命地書寫，對於消除緊張方面，的確有驚人的效果喔！

87 對聯考持完美主義的話，可說是失敗的根源

對於考試的成績，大家當然會覺得一百分比八十分好囉！一百分、八十分的目標，必然也是以前者為目標。

但是，這只是以一般的考試來考量，而針對聯考的話，上述的心態，往往會產生適得其反的現象。

就聯考而言，只要考取了，分數是一百分，還是八十分，不都一樣嗎！如果考取的最低標準是七十五分的話，那麼對你來說，七十五分就等於滿分。不過有很多人，把自己陷於滿分的陷阱裡，一開始唸書，即以一百分為目標，為了達到該目標，放棄一切遊玩的時間，而把自己逼得幾乎喘不過氣來。

這種完美主義，會給你的心理帶來極大的壓力，正如前面曾敍述的，目標訂得太高，反而會剝奪你用功唸書的意念。考試當前，陷於此心理狀態，當然就沒有幾分的勝算囉！與其這樣，倒不如以八十分為目標，給自己留點餘地，準備起來反而可以推展順利，得心應手。

因此，千萬不要對分數抱持完美主義，它往往是你失敗的根源！

考取與落榜的差別在這兒

應考篇
2

○

擅長的科目起碼也應該三天瀏覽一次

×

認為考試前夕再看擅長科目無疑是浪費時間

88 ·應考的訣竅

儘管是擅長的科目，仍然必需三天瀏覽一次

我們人類的頭腦，縱使具備再優秀的機能，如果久不用的話，照樣會生鏽的！思考事情時，我們腦中的思考回路的某種電流信號，便會熱絡地流動起來，而導出解答。如果懶得思考的話，該思考回路即會自行變得十分遲鈍，也就是所謂的「生銹」，這時頭腦當然無法順暢運作。

接近聯考時，有不少考生就不花心思於自己擅長的科目，相信自己在考試時必可拿到很好的分數，因此把注意轉移到其他科目。例如，你對數學的代數很在行，而考試之前完全不再複習的話，那真是一大錯誤。

聯考時，即使眼前出現你擅長的代數問題，這時頭腦也無法立刻作反應。因為，解決代數問題的思考回路，在久不用的情況下，已經變得十分遲鈍、睡著了，所以在解決該問題之前，首先就必需把思考的回路喚醒。

最後，也許把回路喚醒了、答案也算出來了，但是卻浪費了許多時間，在有時間限制的聯考，自然無法得到高分。因此，別太依賴自己擅長的科目，在考前至少得三天瀏覽一次，才得以保持原有的實力，以免白白浪費時間及失掉應得的分數。

89 有時不妨到圖書館唸書，可以消除聯考時的緊張情緒

・應考的訣竅

操縱多條人命的飛行員，在他們還是訓練生時，常常會在地面上重複練習操作飛行模擬裝置的機械，以體驗正式飛行的臨場感。預防極度緊張所引起的怯場、不安，最好的方法，就是去習慣它。這種概念同樣也適於消除聯考的緊張、不安。

面臨對未來具有決定性聯考，即使是平時「心臟非常強健」的人，面對不認識的人群，不知不覺就被那種特異的氣氛所包圍，因而，連極小的東西所造成的聲音，都會造成緊張、不安的情緒。

為了預防聯考時的怯場，考前一週最好不要再待在家裡閉門苦讀，到類似考場的場所讀書，考前先模擬一下考場的氣氛，才不會到正式考試時，慌亂得不知所措。尤其公佈考場地點之後，務必前去看一看，了解、熟悉一下周遭的環境。

而就模擬考場氣氛的場所來說，圖書館是個不錯的地方。因為裡頭有許多你不認識的人在唸書，而且又不可大聲喧嘩吵鬧，這都和考場的情況相同。讓自己習慣這種氣氛之後，面對聯考才不會怯場、不安。

90 ・應考的訣竅

平常就應該養成工整地書寫解答的習慣

準備聯考時，由於必需在短時間內提高讀書效率，所以練習作答、寫數學計算式等，經常是胡亂寫一寫。

當然，大家也許會認為一個人在書房唸書時，寫出來的答案只要自己看得懂即可，而沒有必要寫得整齊。不過，如果考慮到讀書的最終目的，就不應該有這樣的想法。

唸書的最終目的，不用說當然是考取理想學校，但是，考取理想學校的先決條件，除了用功讀書、提高程度之外，工整地書寫解答，也是必備的條件之一。

字跡潦草、甚至不易辨認，閱卷人員當然不可能給予高分。像數學式中的b、6，如果沒有一筆一劃寫好，恐怕就會令人分辨不清了。

特別是在考試當前，大家拼命地唸書，已顧不得字跡的整齊，因而養成潦草的字體。到了考場，由於緊張而導致頭腦混亂，不由得便會寫出雜亂、潦草的字體來。

因此，平常作題目、寫答案時，就應該養成工整書寫的習慣。其實，這也不需要耗費太多的時間，只要平常考試作答時，一筆一劃寫好，自然就可養成習慣。正式考試時也不會寫出雜亂、潦草的字體。

91 ・應考的訣竅

應該好好把握作文分數

作文分數最好拿、也是最不好拿！此話怎講呢？因為對作文程度好的人而言，要拿到高分，的確輕而易舉，但對程度不好的人而言，想得到高分，可就有些困難了。

難道程度不好的人，就該放棄作文嗎？當然也不是！只是需要準備作文，只要好好準備作文，仍然可以拿到高分。

首先，平常唸書時，遇到佳句、名言，應該抄下來、背起來，不妨準備一本小筆記，專門抄寫這些佳句、名言，考試時即可派上用場。

其次，考試時，字跡務必工整，且不可寫錯字，還有篇幅不要太短，短少會讓閱卷人員覺得沒有份量。尤其，需特別注意首段和最後一段非常重要，這兩段往往是決定分數高低的關鍵！所以，寫第一段之前，最好先構思，以求文章的流暢、完整。

92 來不及仔細看的範圍，稍微瀏覽一遍，多少可爭取一些分數

考試當前，如果有來不及唸的範圍，你會如何處理呢！有的人就乾脆完全放棄，而希望能從其他的科目多獲得一些分數；有的人的處理方式則完全相反，在考試前一天專攻該部分，看看是否能多少拿點分數。

唸書所得到的知識，有的人是用記憶來保存它；有的人則把它變成自己的實力，而後者才是聰明的處理方法。一般而言，學習，都會產生學習曲線。把經過的時間和知識習得程度之間的關係，以座標點來表示的話，每種教科書、範圍，都會產生各種的曲線。最常見的曲線是，剛開始學習時進步迅速，不久之後，則愈來愈遲緩。

以上述的學習傾向來說，不管是哪類教科書、哪些範圍，都有可能在短時間內，把實力從〇～二十提昇到七十～九十。以此觀點來看，對於來不及看的部分，千萬別放棄，至少瀏覽一遍，多少也可爭取一些分數。

93 ・應考的訣竅
反覆「猜題」練習的過程中，即可養成掌握重點的真正實力

學生時代，每到考試之前，我總喜歡先猜測一下，所唸的範圍中，哪一部分有可能出現考題，然後就根據「猜題」的方式來讀書。

考試，說穿了，其實只不過是在唸書的過程中，看誰能準確地掌握真正重要的部分。所以，當學生的，當然就免不了要考前「猜題」，猜測一下哪一部分屬於必考題。

因此，考試之前仔細思考哪一部分屬於重點的所在的同時，必也了解真正重要的部分。以此概念為基礎，然後在腦中再整理一番，就可以完全掌握該科的重點，而同時也可以培養真正的實力。

94 ・應考的訣竅
多填些志願，以免無法完全發揮實力

塡志願時應該考慮到，所塡的志願是否為熱門、競爭激烈的科系，然後評估一下自己的實力是否有錄取的可能。以免志願塡得太少，而喪失考取其他還不錯的科系的機會。

有的考生填志願時，一副胸有成竹的樣子，就填幾個熱門的、競爭激烈的科系，結果落得名落孫山的命運，又得再熬一年，多不值啊！因此填寫志願時，應該先比較一下自己的分數，大約排在那一個層次，以作為填志願的參考資料，千萬別太大意。

95

・應考的訣竅

縱使一行也可以，每天一定要寫日記，它可以增進閱讀、表達的能力

培養閱讀、表達的能力，可以使全體的成績有明顯的進步，但是，這種能力並不是一朝一夕即可養成。因此，我的方法是，縱使一行也可以，每天一定要寫日記。而且，睡前寫日記，除了可作為發洩內心的不安、不滿的對象之外，還可以提高表達的能力，豈不是一舉兩得的辦法。

養成每天寫日記的習慣，不僅可以提高論說、表達能力，而且也可以培養長期準備考試的「耐力」。

考取與落榜的差別在這兒

應考篇
3

○

對於不會的問題，應該把思考過程記錄下來

×

遇到不會的問題，沒有作任何記錄立即進入下一題

96 ・應考的訣竅 考前的復習工作，最好從參考書的後頭開始復習

就人類的心理而論，新買參考書時，往後都會看得很起勁。因此，對參考書的最前面部分總是印象深刻，往後頭就愈來愈模糊，因為參考書看久了就失去最初的新鮮感，而產生厭倦之感。相信這是誰都有過的經驗：買一本英語單字集，最初的部分想必是背得滾瓜爛熟，但是最後的部分，甚至連翻都沒翻過。

因此，進行復習工作時，就應該從後頭開始看起。尤其數學、理化等科目，其參考書的後頭大都是以前面理論為基礎的練習題，作這些練習題之後，才能夠大概知道自己的實力。

97 ・應考的訣竅 對於不會寫的題目，猜答案也有技巧

近年來，國家的考試都採用卡式的電腦閱卷。由於閱卷方便，有的學校也都跟進採用。卡式的試卷形式，遇到不會的問題，猜一猜，也有得分的可能。所以，對於不會的考題，大部分的學生都會隨便猜個答案。

不過，想提高得分的可能性，還是需要靠點技巧。

例如，遇到不會作的選擇題，都猜同樣的號碼也是方法之一。決定「3」之後，對於不會的問題，就統統選「3」。

因為按照常理來說，五個不會的問題，都選擇同樣的答案的話，至少應該可以猜對一題。如果，遇到不會的問題就隨機亂猜，反而得分的機會比較小。

在競爭激烈的聯考之中，儘管分數只有一分之差，但名次可差得多了，甚至這一分是考取與否的關鍵，也不是沒有可能。而且，以出題者的心理層面來考量的話，五選一中，答案是「4」的機率很大、四選一中，則以「3」的機率較大。

第五章　棘手科目克服術

考取須知

98

・克服棘手科目的訣竅

選擇棘手科目的參考書時，最好選擇分量少的、薄的，可以因此而產生自信

書局的參考書琳瑯滿目。從薄小如小粉盒至厚有教科書的三、四倍，各式各樣，應有盡有。而選擇棘手科目的參考書時，到底應該選哪一種呢！一定有不少考生茫然不知所措。

其實，對於棘手的科目，最好選擇薄小的參考書，當然，並不是薄就表示好。還應該選擇有明顯列出重點、所列的關鍵字可以給人強烈印象的版本。最好是只要看到關鍵字，立即可以使人聯想起背後所包含的內容。另外，還得注意其印刷情形，不要選擇編排密密麻麻的字體，否則連看的意願都沒有。

而且選擇薄的、分量少的參考書，可以很快地看完，因而自然可產生一股自信心。如果選又大又厚的參考書，光看它的外觀，就令人感到洩氣。

99

・克服棘手科目的訣竅

棘手和擅長科目參雜著唸，可鼓舞讀書士氣

陸上競賽的接力賽跑，編排選手的先後順序時，是有一定的規則。第一棒和最後一棒都是安排具有相當實力的選手，二、三棒則安排程度稍微差一點的。當然，也有另外的情況，不過大多數隊伍都是這樣安排，第一棒以鼓舞士氣，最後一棒作最後的衝刺！

把這種方式運用於減輕平常的不安感，結果會如何呢！產生不安感的因素很多，其最大的來源，想必是棘手科目的存在。

因此，可以像安排接力賽的選手一樣，在擅長的科目之中，參插棘手的科目。當天以擅長的科目為開端的話，即可一鼓作氣，然後順此愉快的心情再唸棘手的科目，想必就不會造成太大的挫折感。

當然，棘手的科目參雜在其中，還是會遇到不會、無法理解的問題，但是，比起開始即唸棘手科目所帶來的不安，要減輕許多。而且，唸完棘手的科目之後，以擅長的科目作為一天的尾聲，當然可以大大地減輕棘手科目所帶來的不安。

・克服棘手科目的訣竅

100 對於討厭的科目，不妨先從簡單的部分開始看，也能夠提高讀書效率

要做自己討厭的事，心裡當然會不痛快。在這種情緒下做一件事，不僅無法提高效率，而且會使自己愈來愈不痛快。最後，為了解決這樣的痛苦，只好放棄這件事情。

也許並不能說，每一個人都討厭為考試而唸書，但絕對沒有人會喜歡吧！而且，其中還有討厭的科目的話，一看到教科書就想逃，更別說會下功夫在上面了，因此，對於討厭的科目，就會愈來愈討厭。

那麼，到底應該怎樣做才好呢！其方法之一就是，從最簡單的部分開始唸。本來，「討厭」的情節大多是由於某一部分的原因而擴大到全體所引起的，例如，討厭數學的情形，有時候只是討厭其中的幾何問題而已，卻因此引起對全體數學的反感。總而言之，由對於其中某一部分的感情波及到全體，而產生厭惡的情節，這時的當務之急就是切斷討厭的那一部分。簡單來說，即是解除心理的反抗意識。

所以，建議大家先從簡單的部分開始唸，進展順利之後，再看討厭的部分，往往可以發現到這一部分並沒有想像中那麼討厭。

101 在最佳的讀書時段研讀棘手的科目，可提高其效果

・克服棘手科目的訣竅

考取與落榜的差別在這兒

棘手科目篇
1

○

選擇棘手科目的參考書時最好選擇薄的，可產生自信

×

選擇棘手科目的參考書時選擇厚重的，才可以網羅所有題目

每一個人都有屬於自己的最佳讀書時段。有的人是在早上，有的人則在下午；有的人卻在晚上唸書，效果最好。不過，一般來說，大部分的人都以早上為最佳的唸書時段。

知道自己最佳的唸書時段之後，只要善加運用，即可提高讀書效率。例如，你是屬於早上唸書型，而要唸棘手科目時，只要前一夜早點睡、睡醒之後即唸該科，往往可以進展得十分順利。

總之，找出自己唸書氣勢最高昂的時段，然後利用該時段研讀棘手的科目，結果就不再那麼辛苦了。

102 把棘手的科目安排在週末唸，效果比在週一唸還要來得好

・克服棘手科目的訣竅

爬過山的人相信都有過這樣的經驗：爬著爬著，爬得精疲力盡時，忽然看到山頂，馬上又有精神了。這是由於作業即將結束，給予心理帶來安定感，而對作業效率造成良好的影響，心理學上把該現象稱為「終了效果」。這句話還可包含另外一個意義，即是：「週末效果」。也就是說，到了週末又可產生一次工作效率的高潮。

在第一章曾提及「週一病」，是由於休息之後的無力感，及「又要工作整星期；」等心

理上的壓力所造成的，因此，星期一的工作效率當然不理想。到了星期二該混亂情緒則一掃而空，取而代之的是衝勁十足。不過，進入星期三、四之後，工作效率又漸漸走下坡。到了星期五，「本週已近尾聲，又可放假囉！」因而使原本已走下坡的工作效率，又重新振奮起來，而再創另一個高潮，這種情況我將它稱為「週末效果」。利用該心態來克服棘手科目，不失為一個好辦法。

總之，想有效地利用時間，不妨把擅長的科目安排在一週的開始至前半段，盡可能將棘手科目安排在週末。

而且，週末安排棘手科目，縱使進行得不順利，接著也就放假了，因而可減輕功課所帶來的壓力及不安。何況，「焦慮」是降低工作效率的主因，這種方法既然可減輕焦慮，當然更值得善加利用。

・克服棘手科目的訣竅

103 追憶棘手科目之所以會變得如此棘手的過程，就不會那麼討厭該科了

「給我一打小孩吧！我可以使他依照我的希望而成為軍人、教師、推銷員……。」有位

美國心理學家，如此自豪地說。這句話雖然有點兒出言不遜、太過自豪，不過，他的方法也包含了另一個正確的層面。

例如，他可以使貓怕老鼠、討厭狗的小孩變成喜歡狗的小孩。以討厭狗的小孩為例，其方法就是，首先給小孩舒適、柔軟等毛質類的東西，讓他漸漸習慣這類東西。然後以小狗取代毛質類的東西，讓小孩去觸摸牠，就這樣愈來愈接近實物。經過一番訓練之後，再大的狗他也不怕。

這種方法，也可以活用在克服棘手科目方面。害怕大狗，對於小狗也會怕，甚至看到類似狗的動物、進而毛質類的東西，都會表現反抗的心理。追溯該心理層次，找出畏懼的東西和實物之間的關係，其中當然包括心理上產生抵抗最少的東西。就從抵抗最少的東西著手，往最高抵抗層次，漸漸地習慣它，習慣之後，原本的畏懼心理自己會隨之減輕、消失。

例如，常常有學生因為討厭數學的計算問題，也討厭應用問題，進而對於牽扯到數學的物理、化學、甚至出現統計的社會等都產生反感。針對這種情形，則應該從抵抗最小的社會科的統計學開始親近它、習慣它。進行該階段時，由於心理並沒有太大的反感，所以只要用功之後，立即以遊玩、休息等作為酬賞，即可很快地克服厭惡的意識。然後再進入理化的問題，就這樣從抵抗低的往高的科目，循序漸進一個階段接著一個階段去習慣它、克服它，最後，連最討厭的數學計算問題，也應該不再感到討厭了。

這種方法類似爬山訓練，先從緩坡的斜面開始練習爬，然後再進入正式的登山活動。

104 ・克服棘手科目的訣竅

對於棘手科目，即使為時不長也沒關係，就是要經常去看它，結果就不會再感到那麼棘手了

喜好音樂的人，往往可分成古典派、爵士派、流行派、民謠派等，而且就好像政黨派，而堅守自己的興趣。但是依據調查，並不是每一個人天生就喜好某種特定的音樂。

實驗結果證明，即使是喜好古典音樂的人，如果常聽民謠，漸漸地也會喜歡上它。相反地，喜歡民謠的人，久沒聽的話，對它的感情也會漸漸退燒。這就是所謂的「親密性」，人類對於接觸頻繁的事物，自然會產生親密性，也就是習慣親近它的感情，再由此感情發展成「喜好」的情節。

以人為例來說明，大家也許更容易了解。例如，你對某人沒有好感，但隨著與他相處次數的增加、及拜訪他家之後，卻改變對他的觀點，而產生親近感。相信大家都有過這樣的經驗。

由此可見，對人、事、物感到棘手，討厭的感情並不是絕對的，可以說大部分都是由於

親密性不夠所引起的。剛進入幽暗的地方會感到恐懼、不安，過了一會兒，眼睛習慣黑暗，了解周遭的狀況之後，即可消除內心的恐懼、不安。

棘手的科目也是如此。如果因為對該科感到棘手，而一味地逃避，當然無法排除內心對它的反感，成績自然不可能有所進步。因此為了解決棘手科目，首先應該消除對它的反抗心理，有耐心地經常去接觸它、親近它，這正是克服棘手科目的最佳途徑。

105 切斷「討厭」=「不擅長」的感情，也可以克服棘手科目

・克服棘手科目的訣竅

聽考生對於討厭的科目所提出的理由，以「因為不會所以討厭」占絕大多數。

由此可見，我們常常以「討厭」=「不擅長」來考慮，再繼續發展下去則成為「因為討厭所以不擅長」。不過，「討厭」與「不擅長」之間究竟有沒有直接的關係呢！有這麼一句話：「好者能精」，但也有反面的話：「笨手笨腳偏愛好」，其實「討厭」與「不擅長」是不能直接畫上等號的。

「不擅長」是針對客觀的能力問題而言；「討厭」則是主觀的感情問題。因此造成「不擅長」及「討厭」的情況，應該各有其理由才對。

考取與落榜的差別在這兒

棘手科目篇
2

○

擅長科目與棘手科目交互來看，可引起衝勁

×

盡可能早點看完棘手科目

所以，如果你也認為「因為討厭所以不擅長」，那麼建議你不妨仔細考慮「討厭」的原因，往往可發現「和該科老師不合」等，和能力完全不相干的理由。沒有明確找出理由的話，便無法切斷「因為討厭所以不會」、「因為不會所以討厭」……這種惡性循環。

106 製造較差和擅長科目之間的關連性，對於較差科目也可產生好感

・克服棘手科目的訣竅

我們接觸到自己不知道或不懂的事物時，如果能夠把它牽引到自己熟悉、擅長的事物上，自然會比較容易理解。相反地，對於不擅長的事物，如果還是以不擅長的觀點來理解的話，往往永遠無法理解、克服它。

因此，為了較差的科目而煩惱不已的學生，我建議他們首先應該找出該科的內容和擅長科目之間的關連性。不過有的考生會說：「我沒有擅長的科目啊！」其實，所謂的擅長科目是和較差科目比較之後所產生的，因此每位考生應該都有一、兩科稱得上是擅長科目。

例如，你討厭數學、理化，而比較喜歡短篇論文，那麼就以短篇論文的方式寫出和理化、數學相關連的內容。只要確確實實地做，不出幾個月，對於數學、理化的反抗心理即會完

全消失，而且成績也會有驚人的進步。已有不少考生證實了這種方法的效果。

另外，只要觀察一下我們對於不擅長的事物所產生的心理狀態，即可發現大多是我們自己製造和該事物之間的心理距離和反感，而「不會」的情況反而不多。

因此，第一步就是消除對棘手的科目的心結，將它變成喜歡、擅長的科目，這就是前面曾敍述過的「親密性」的原理。

107 對於棘手科目，不妨製作一些有利的、引人注意的詞句

•克服棘手科目的訣竅

面對棘手、困難，但又非做不可的工作，或必需唸的書時，常常提不起衝勁、不知如何著手才好！由於開始進行時就沒有衝勁，所以進行過程勢必很難集中精神，結果當然增加了失敗的機率。因而，對於棘手的科目愈感到棘手，就這樣惡性循環下去。

這時候姑且把該工作想成讓別人來做，情形會如何呢！想必別人一定衝勁十足地做。想到這兒，自己應該會想做做看才對！另外一種方法是，針對該工作舉出可令人對它持有好感的詞句或標語。

這個方法也有以下的實驗例子：以前我曾對大學生作一項調查，調查他們對蘇聯的觀感

，而且要他們就此觀感寫一篇論文。不過，對蘇聯有好印象的學生，必需寫出不喜歡的觀點；對蘇聯沒有好印象的學生，則寫出好的一面。在他們完成這篇論文之後，立刻再作一次調查，發現有六成的學生都改變了自己原來的觀感。

換句話說，對於他們認定是討厭的事物，藉著舉出該事也有給人好印象的部分，而達到對該事物真正持有好感。因此，對於棘手的功課、工作，也想想它的優點、好處，且想出引人注意詞句，本來就是以給人好印象為目的，所以它所強調的都是正面的、有利的觀點。以有利的觀點來看事情，即使是討厭的事情，也不會再那麼反感了。

如果你遇到棘手、討厭的事情，而遲遲不願著手去進行時，不妨先想想它的優點、好處，且逐字寫下來。例如，你對數學感到十分棘手，這時不妨想想它的有利點：「數學是一切的基礎」、「數學可鍛鍊頭腦」……等。

思考它的益處的過程，即可提高著手進行意願，以積極行動來進行棘手的作業，反覆進行之後，就不會再感到棘手了。

第六章　調整讀書環境的方法

考取須知

108 ・調整讀書環境的訣竅

公車、公園的長凳，經常是唸書的好地方

現代的學生幾乎都擁有書房，因此不少學生都認為「唸書，就應該在書房唸」。其實，並不是只有坐在書桌前才能唸書。而且以人類頭腦的運作方式、心理層面來考量的話，不在書桌前唸書，有時反而能夠大大提高讀書效率。

如果習慣公車、公園的長凳，它們往往可成為絕好的「書房」。有些考生在這樣的場所反而注意力比較集中、背書的效果比較好。因此建議在家裡書唸不下的考生，不妨轉移陣地到其他地方，如公車上、公園等，也許可得到意想不到的效果喔！

109 ・調整讀書環境的訣竅

患有自我中心症者，不妨試著改變書房的擺設及時間的分配

萎靡不振、讀書效率急速下降、產生倦怠感、喪失有信心的頭號強敵是自我中心症。這種病症的可怕之處，它和萎靡不振不同，剛患上該病症時，連患者本身絲毫沒有察覺。因為自我中心症或多或少容易在事情進行得非常順利的情況下產生。例如，實力已達到某種程度

、每天唸書都進行得十分順利而沒有任何阻礙，這時在沒有絲毫自覺症狀的情況下，已經患上了自我中心症。

總覺得今天和昨天都以同樣的方式順利度過，頭腦沒有創新的機會，因此每天面對新的問題時，便要求頭腦瞬息萬變地運作，結果，頭腦根本無法重複思考相同的問題。

為了避免陷於這種狀態，只有由外部來刺激頭腦，使頭腦非活動不可。其作法即是試著改變室內的擺設、及時間的分配。十年如一日，室內的擺設都一成不變，難怪會降低頭腦的運作。因此，有時不妨改變一下書桌的位置、方向，搬動一下家具的擺設，以求空間的變化，再加上時間長的更動，可以使人覺得煥然一新。改變生活環境之後，應該也可以為頭腦注入一股新的活力。所以改變生活環境，可說是治療自我中心症的必要條件。

110

・調整讀書環境的訣竅

頭腦模糊不清時，不妨整理一下四周的環境

相信大家都有過這般經驗：想著手工作、或開始唸書，奈何頭腦老是模模糊糊，導致作業無法順利進展。

我本身也常有這樣的經驗。這時候最好在工作進行之前，先把書桌、書架等四周的東西

徹底整理一番。整理過後，頭腦往往因此變得清晰、有條有理，接著即可專心工作了。

整理四周環境具有心理效果的理由有二：一為整理書桌、書架時，把參考書、課本分類，且擺放在伸手可及的位置，可以打破頭腦模模糊糊的狀態，使腦中的目標更加清晰，而達到醒腦的作用。換句話說，藉著調整物理環境的作業，促使心理環境也得到適當的調整。

另外一個理由是，如前面所述的，適度的肉體作業，可使心理得到安定感。

乾脆俐落地運動身體，不僅可消除心理的急躁不安、及頭腦的模糊不清，還可以提高唸書、工作的意願。

111 出門別忘了攜帶硬板大資料夾，到哪兒都可當書桌使用

・調整讀書環境的訣竅

乘坐公車、火車時，忽然想出一直不會的某題數學的解法，這時候最好是立刻把該解法寫下來，但是攜帶平常的筆記本實在很難在車上書寫。

因此，出門時別忘了隨身帶著硬板大資料夾。這麼一來，好不容易想出的數學的解法，就可輕易記錄下來，以免下車後又忘了。

112 在「不利的條件」下，反而可提高讀書的意願

由於現代生活水準的提昇，在困境中求學的人，畢竟只占全體的極少部分。但是在擁有所有優厚條件下唸書的學生，卻不一定能因此把書讀好。

據我所知，打工學生的成績往往比沒有打工的學生還要來得好。觀看古今中外偉人的生平事蹟，我們也不難發現其中有不少偉人均體驗過惡劣的生活環境。例如，阿拿多爾、佛蘭西曾說過：「噪音對我是必要的。」提出「港口的吵雜可激發寫詩的靈感」的瓦禮利等，他們反而從周遭的環境中尋求噪音。

雖然有「有利條件」和「不利條件」的說法，但是要決定何者對讀書有益、何者無益於讀書，其實是一件十分困難的事，因為有益或無益都得看當事人的感受及看法。不過，以一般世俗的眼光來看，認為不利的條件，有時反而可以提高用功的意願。唸書時間有限的人，總是比隨時都可以用功的人懂得珍惜時間，而且藉著渡過逆境的衝勁，往往可培養出用功的精力。

因此我們不難理解夜間部的學生為何具有較高的讀書熱忱。所以，各位目前即使處於不利的條件下，也應該相信它絕對不會成為讀書的障礙。

113

・調整讀書環境的訣竅

把讀書計劃表張貼出來，可以隨時了解讀書的進度

打算開始好好用功時，誰都會擬定密密麻麻的計劃。由於準備考試的時間有限，所以這是必然的現象。然而這種作法把自己應該做的事條理分明地寫在計劃表上，往往可以給自己帶來有益的刺激。

地理的話，則把「世界的氣候」、「世界的貿易」、「我國的農業、水產業」……等情況一一寫下來，然後貼在看得到的地方。需要特別注意的重點，則作上◎、●等記號，作上自己覺得方便的符號。然後唸完某範圍之後，再用紅簽字筆把它們塗掉，以表示「完成」之意。這麼一來，唸完和沒唸部分即可一目了然，分辨起來十分方便。

這麼做不僅方便而已，而且對於心理層面還具有極大的效果。保險公司等，常常會以一個月、一星期、一天為單位，畫出各職員所應該達成的目標的圖表。公司職員每看到該圖表，即知道自己的工作進度。「我的進度太慢了！」「太好了，我已經超越計劃目標！」進度太慢的人就會加倍努力；趕上進度的人，則變得更有自信。

考取與落榜的差別在這兒

環 境 篇
1

○

有時到戶外唸書可以轉換心情

×

讀書一定得在書房唸

114 難以記憶的重點，寫下來貼在牆上，較容易記住

・調整讀書環境的訣竅

到現在我還記得在我小學一年級時，就會背誦十分艱深的漢詩，令老師驚訝不已。其實是因為家裡把該首漢詩裱後懸掛起來，每天看著看著，自然就記住了。

就像這樣，在日常生活中容易注意到的場所貼上重點，自然就可以牢記。準備考試時利用該技巧來記憶難記的重點，確實是十分可行的辦法。

例如，寫出冗長的世界史年號貼在牆壁上，即可發現背起來輕鬆多了。如果覺得還不夠的話，可再加上世界地圖等，這下子相信一定可以牢牢記住。只要懂得善加利用牆壁，它絕對是幫助你記憶的最佳空間。

115 冷色系的牆壁、窗簾，具有振作精神之功用

・調整讀書環境的訣竅

是否能夠提高讀書效率，書房牆壁的顏色占極重要的因素。顏色可分為色相、明度、彩度三個要素。就色彩心理學而言，紅色可以振奮感情；橙色給人喜悅、溫暖的感受；綠色則

給人安靜與滿足感；藍色給人嚴肅的印象；紫色給人哀愁的感受。一般來說，暖色系會刺激人的感情，且具有發散效果；冷色系具有穩定感情的作用。

大致而言，明度高低與明快、不明快；彩度高低與緊張、放鬆之間有密切的關係。因此書房、辦公室牆壁不應該令人有不明快、緊張的感受，也就是不適合使用低明度、高彩度的色系。因此欲振作精神、穩定情緒專心讀書，最好使用高明度、低彩度的冷色系。不過，當心情低落、提不起勁唸書時，不妨換成暖色系壁紙，即可達到轉換心情的效果。

醫院的牆壁通常是漆白色的。不過，以前紐約某家醫院把手術室的牆室換成深綠色，結果手術進行得意外順利。最近，人們愈來愈了解色彩的心理效果，例如，選舉的海報也非常重視色彩的搭配，而且因此得到實際的績效。所以，有時改變一下書房的壁紙，往往可得到意想不到的效果喔！

116 古典等輕音樂可促進讀書效率

・調整讀書環境的訣竅

在安靜的書房唸書，有時反而會無法忍受鴉雀無聲的感覺，這時不妨播放輕音樂，音量調小至能聽到即可，往往具有提高學習意願的效果。

向來即有人提出作數學題目時，最好邊聽古典音樂，這是根據大腦生理學上左腦、右腦保持平衡的關係，而提出的論調。也就是說，左腦為數學、語言的中樞，稱為語言腦；右腦為音樂、視覺的控制中樞，稱為音樂腦。而平常唸書主要是使用左腦，所以只要音樂的音量調小，聽音樂則不會影響到唸書。而且適度刺激右腦，反而可以增加左腦的理解力。

不過，在此應特別注意有歌詞的音樂，因為歌詞主要是靠左腦理解。唸書吸收知識已經過度使用左腦，所以有歌詞的音樂勢必不能帶來良好的影響，因此避免播放有歌詞的音樂。

而音樂有時是給予心理刺激的一連串聲音。該聲音縱使意識裡已經習慣它，但有時卻會分散讀書的注意力，主要是因為刺激到我們的「心」。電吉他的聲音，可說是刺激「心」的「聲音」的代表。因此了解讀書的背景之後，讀書時最好避免聽搖滾音樂。

了解讀書的背景之後，我們知道適度的刺激右腦，並不會造成左腦的混亂，反而可帶來良好的影響，根據我的經驗，聽輕妙的古典音樂可得到不錯的效果。至於曲調則依個人喜好來選擇。

117 避免頭腦運作遲鈍，盡量不要開暖氣

・調整讀書環境的訣竅

考取與落榜的差別在這兒

環境篇
2

○

輕妙的古典音樂可提高讀書效率

×

唸書時應該保持室內的絕對安靜

在嚴寒的冬天唸書，的確是件苦差事。必需有堅強的意志力來支撐，否則早已躲進溫暖的被窩裡，所幸目前有不少家庭均有暖氣設備，不過使用暖氣時得注意，室內太暖的話，會使頭腦運作遲鈍。

自古以來即有「頭寒足熱」的說法，唸書時的最佳狀態是頭部寒冷、腳部溫熱。因此有人則關掉室內的暖氣，把電暖爐放在腳邊。

不過這種方法，往往會變成「頭熱足熱」的現象，而且昏昏欲睡。那麼到底該如何做才好呢！不妨下半身多蓋件毛毯、穿襪子，這樣即可達到「頭寒足熱」的狀態。而且電暖爐等容易消耗室內的氧氣，室內的氧氣則愈來愈稀薄，因此導致頭腦反應遲鈍。所以室內溫度過於溫暖，絕對不是唸書的好條件。

118

·調整讀書環境的訣竅

太強的照明設備，反而使人情緒不穩定

和顏色一樣，照明也與讀書效率有密切的關係。一般來說，較暗的照明會增加疲憊感，但是太強的照明也會使人情緒無法穩定。當然照明也會因當時所做的事情而有不同的影響，不過研究作業效率等產業心理學，指出讀書時最適宜的照明度為四十～三百米燭光。而且利

用天花板、牆壁等反射的間接照明，比直接照明，較不易感到疲勞。

因此，書唸一會兒即感到眼睛疲勞的人，為數不少都是照明的原因所引起的，所以有必要再一次確定你的照明設備是否適宜。

119 書房天花板的大燈和檯燈併用

・調整讀書環境的訣竅

培養讀書氣氛、提高讀書效率，照明設備是重要條件之一，前面已經作說明，考生千萬別忽視照明的重要性。而照明不是有亮度就可以了，還得顧及光線的品質問題。

考生中有人認為只用檯燈才能集中注意力；有人則說為檯燈太刺眼，所以只用大燈，不過這都不能提高讀書效率。根據我的經驗，工作時我總是大燈、檯燈併用。因為找書、找資料時，全體照明比較方便，而集中注意力於一點時，檯燈絕對有利。

總之，全體照明和檯燈照明併用的話，不僅可集中注意力於書桌上，遇到不懂之處，也方便立刻到書架查資料。

120 激勵自己的哀言、標語，應該每天更換

你書房牆壁上的哀言、標語，是否已經褪色、沾滿灰塵呢！專門機構經常委託我調查工廠作業的安全情況，因此我進行過多家工廠的調查工作，大部分的工廠為顧及員工的作業安全都會貼上警惕的標語、海報。而值得一提的是，事故少、效率高的工廠，其標語、海報都十分光鮮、潔淨。而事故多、效率低的工廠，其標語、海報不是佈滿灰塵，就是到處油漬，連字跡都難以辨認。

本來貼這些安全標語的目的，是為了喚起大家的注意，人人提高警覺，最後如果只流於形式、圖個安心的話，反而會帶來危險也說不定。

書房貼著「每天讀完四十頁」的標語，也是同樣的情形。如果哀言、標語，只為消除不安的話，反而會妨礙讀書。如果人們都因形式而感到安心，那是錯覺自己已實行的安心，而哀言、標語如果沒有天天更換的話，貼歸貼根本沒有意義。

話說每天更換，但並不需要每次都換內容。對自己而言是極有益的佳話，則標語每天都一樣也可以，同樣的字句，換上新的紙張，自然即具激勵作用。

121 ・調整讀書環境的訣竅

家中到處放置參考書，則隨時隨地都可讀書

有次到某位副教授家裡拜訪，他有兩個讀高中的兒子，在此要強調的是，他們一家人都十分開朗豁達、話題生動豐富，令人折服不已。我們交談甚歡，中途環顧室內四周，發現到處都散置雜誌、文學書籍、字典等。副教授說這就是話題豐富的原因，家人隨時隨地都可以學習。

準備考試也可以運用該方法。把參考書、課本放在隨手可得之處，像那位副教授家裡的氣氛一般，以刺激讀書的意願，絕對不會造成不良的影響。你不妨試著在浴室、客廳……等平常活動的空間，放置參考書、單字集……等，製造讀書氣氛，一有機會隨時隨地都可開始唸書。

122 ・調整讀書環境的訣竅

用力揮毫標語，「衝勁」便應運而興

參觀考生的書房、公司的營業部等，從牆上不難發現類似「聯考、必勝！」「月間營業

額突破二億元！」的標題。字上目標，每天觀看便可激起做事的衝勁，這是一種十分有效的自我暗示術，不過應該如何寫較妥呢！最好準備粗大的毛筆，沾滿墨汁、用右肩的力量大肆揮毫，才能寫出雄壯有力道的字體。如果用小紙張寫出極細小的標語，不僅達不到激起衝勁的效果，還會使意氣消沈，而得到反效果。

書法家常說，字代表個人的人格、心理狀態。「字可表現本質」，所以個性積極、有自信的人，一致都是用右肩的力量寫出粗大有力的字體。但字不僅可表現本質，還能夠創造本質。換句話說，字所持有的印象，還會對個人心裡造成微妙的影響，把成功的人、技藝專精的人所寫的字裱好掛出來，他們的自信即可感染給觀看者。

因此耽心是否能考取的心態下所寫的標語，自然可從字看出不安的情緒，每天觀看，則更會引起不安。所以寫標語，一定得用力揮毫一番，不必在意字跡好看與否。這麼一來，看到如此粗大有力的字體，很微妙地就激起讀書的「衝勁」。

123 二樓比一樓適合讀書

・調整讀書環境的訣竅

你如果在一樓、二樓讀過書的話，一定可發覺到二樓比一樓較能夠集中注意力。

這也不是沒有道理。因為一樓通常是家人的生活空間，廚房、浴室、洗衣機、廁所等各種吵雜的聲音，經常不絕於耳。外加家人的走動、訪客、屋外的車輛、行人等等，樣樣都會分散注意力，相專心唸書實在不易。

相對，二樓就較少這些情況，同時從窗口遠望美景，還可以消除眼睛的疲勞呢！

第七章　自我管理術

考取須知

·自我管理的訣竅

124 篤信「我一定行」，便踏出成功的第一步

對於棒球等運動的比賽，「我一定做得到！」「我一定會贏！」等自我暗示，更顯得格外重要。當然還得靠平常的勤加練習，但是面對極重要的比賽時，想充分發揮實力，心理支柱更是不可或缺。

我在準備考試時，也是利用這種自我暗示法，在書房的牆壁四處張貼「考取！」、「必勝！」的紙張。睡覺時也面對這些標語，一張開眼睛不管討厭或喜歡，這些字馬上映入眼簾。這麼一來，便能產生「一定考取！」的自信，面對正式考試時，即能發揮十二分以上的實力。

自我暗示的作用只要運用得當，任何人都能發揮爆炸性的威力，由各種實驗也得到證明。例如，某人下痢，給他一小包麵粉，告訴他這是治療下痢的特效藥，服用之後果真治好下痢。

成功的第一步，便是要有「我一定行！」的自信。無怪乎有學者肯定地說：「這個世界是由信心創造出來的。」別再胡思亂想了，不妨寫張「我一定會考取！」的標語貼在牆上，保證會有驚人的效果。

125 感到不安時，沒有必要強迫自己去消除它

・自我管理的訣竅

期末考或聯考迫在眉睫時，除了特別有自信及麻木不仁的人以外，大部分的人總會耽心準備得不夠充分，而感到不安，這時也沒有必要強迫自己去消除內心的不安。雖然有人因此而無法專心讀書，不過考前或緊要關頭，任何人都會產生不安感，也正因這份不安感才能夠使人們表現得更好。

因為我具有心理學方面的專門知識，所以經常被各家公司邀請主持新進職員的心理測驗。具有潛力的人，一定會對自己今後的工作、自己的能力感到不安。以名列前茅畢業於一流大學且進入頂尖的知名公司，而非常有自信的人，儘管剛開始一切都十分順利，但結果卻不怎麼樣。由此可見，不安感確實是進步的源泉。

126 正因面臨緊要關頭，才能充分發揮實力

・自我管理的訣竅

美國有名的汽車創始者克萊斯勒，當他還是個火車頭修護工時，曾以極短的時間修好火

車頭，連他自己也沒想到會有這等快的速度。當時是因為沒有備用的火車頭。事後他曾說過：「當時如果不是面臨緊要關頭，是不可能那麼快就修理好！」

準備考試時，也難免會產生壓迫感，也許有人會認為「何不放輕鬆！」其實唯有處於精神緊張的狀態下，才能發揮十二分的實力。

127 想想「大學並非只有一所」，壓力使隨之減輕

・自我管理的訣竅

常常有人因為某件事的失敗，而覺得一切都完了，因此頹喪不已。之所以會有這類的反應，是他們把失敗的經驗和挫折產生聯結，而挫折容易引起人們心理的退化現象。退化現象是心理年齡變小，回到孩童時期，對事情的應付表現不成熟的態度，因此在適應環境上也欠缺彈性，而無法作適切的判斷。

避免陷於該退化現象，不妨試著告訴自己：「東京不行話，還有名古屋」，這是一首歌的歌詞。當然目標還可以是大阪、廣島……只要能夠這麼想，自然就不會太過於悲觀。

這種觀念也適用於考試。「A不行的話還有B」，大學並非只有一所，沒有考上第一志願，第二、第三……也可以，正是所謂的「此地不留人，自有留人處」，能夠放開胸襟的話

，壓力便可隨之減輕，而可以積極地面對考試。

128 正視「不懂的地方」，可提高實力

・自我管理的訣竅

加利福尼亞大學某位知名的教授，上課時曾以老鼠作實驗。有位學生提出問題：「該實驗進行過程，如果改變條件的話，結果會如何？」我期待教授將有一番與衆不同的答案，結果只聽他明白地告訴學生：「我不知道！」日本的大學教授，包括我在內，對於學生提出的問題，能夠坦白地說「不知道」，大概了了無幾吧！即使不懂，往往也會說出模稜兩可的答案。

任何人都不願意看到自己的弱點的心理，對於承認「不懂」產生抵抗情緒，因此，即使不知道的事情，也裝作一副知道的樣子。然而，想提高本身的實力，就必需有勇氣承認「不懂」的事實。因為有勇氣從口中說出「不知道」的事實，相對地說，變得擁有「知道其他事情」的自信。

而且，承認「不懂」之後，就會引起「非用功不可」、「必需緊緊牢記」的心態。這麼一來，即可提高實力。

129 ・自我管理的訣竅
感到不安時，不妨試著舉出原因

人難免都會產生不安的情緒，它即使不會造成太嚴重的後果，但總會令你無法放開胸懷，甚至阻礙到工作的進行。

這時不妨用條列式的方式，把為何不能順利進行的原因列舉出來，寫在紙上。一、是否身體哪兒不舒服。一、是否忘了重要的約會。一、是否應該到戶外走走，不要老是待在書房裡。……像這樣一一列舉出來，即可得到意想不到的效果。

找出引起不安的原因，想出解決對策，不安的念頭就可以從腦中除去、恢復自信，進而能夠專心讀書。

130 ・自我管理的訣竅
欲激起衝勁，完全拋開書本也是好方法之一

在創意商品店銷路一直很好的商品，其設計者工作屆滿十年的話，硬性規定必需休假兩星期，且嚴禁假期間思考與工作有關的任何事情。這麼一來，休假一星期左右，就會渴望回

到工作崗位，公司強制他們休假的目的正是在這兒，在渴望工作的情況下，期待能有更新穎的創作。

準備考試的過程也是同樣的道理。有時「完全拋開書本」，反而可以激起讀書的衝勁。最初放下書本也許會興緻勃勃覺得可以大玩特玩，但是過不了多久就會感到些微不安，同時應該也提高了讀書的欲望。產生讀書的衝勁之後，就可以再回到書本上，這時當然更加專心，而提高讀書效率。

131 先考慮清楚將來從事的職業，也可以激發讀書的意願

・自我管理的訣竅

為了小孩愛唸書而感到困擾的父母，不妨參考一下以下的方法，也許小孩會因此喜歡唸書也說不定！例如，熱中於棒球的小男孩說：「我將來要當棒球選手，所以現在可以不必唸書了。」當一個討厭唸書的小孩這樣告訴你時，你不妨回答他：「即使是棒球，要當一流的選手仍然必需具備聰明的頭腦，因此現在一定要用功讀書，頭腦才會變聰明，才有可能成為一流的棒球選手。」只要經過大人的這番說明，小孩便會改變讀書態度。

人類這種心理也可應用在準備大學聯考方面。先具體地考慮自己將來要從事的職業，而

想要得到該職業的先決條件就是必需用功唸書。

有了具體的目標之後，便可激發讀書的意願。

132 失敗之經驗比成功之經驗談來得有助益

・自我管理的訣竅

應考雜誌常刊載「於是我突破了難關……」之類的記事，以為這樣有助於考生恢復自信、增進讀書方法。不過，仔細傾聽成功與失敗之經驗談，後者反而有助於考生去發現好的讀書方法，因為成功之經驗談，往往只重視結果而忽略過程。

聽聽前輩的失敗之談，能夠了解他們的挫折、困難在哪兒，同時可警惕自己避免重蹈覆轍。

133 沒有自信時，不妨看看他人成功的事蹟

・自我管理的訣竅

閱讀偉人、成功者的生平事蹟時，可發現到其中都有某些共通點，除了比一般人更努力

考取與落榜的差別在這兒

自我管理篇 1

○

不要執著於一所學校，可減輕壓力

×

發誓非第一志願不讀

、具有卓越的頭腦之外，他們還善用自卑感，而活躍於人生的舞台上。

因家庭貧困、身體缺陷等各種際遇而產生自卑感，不過為了突破目前的情況，就會找出適當的方法來克服它。換句話說，並非濫用自卑感，而是以自卑感作為邁向成功的踏腳板或工具。

考生對自己缺乏信心，認為「自己為何那麼笨！」……時，不妨閱讀應考雜誌，看看他人考取的經驗談，也是不錯的方法。他人善用自卑感作為驅動力，也許並不是十分適合自己，但往往可因此得到珍貴的啟示。

134

・自我管理的訣竅

和用功的人交往，自己也會變得愛唸書

在小孩的世界裡，我們常常可發現到愛唸書的小孩喜歡和愛唸書的小孩一起玩；不愛唸書的則和不愛唸書的玩在一起。因為和用功的小孩一起玩，他喜歡看什麼書、看什麼電視，都會成為友伴模仿的對象。

這種情況在準備考試方面也十分通用。要使自己變成愛唸書的方法之一——和愛唸書的人交往。如「好者能精」這句話所說的，和用功的人交往的話，在無意識之間，自然就會成

為用功的人了。

例如，你正陷於「儘管討厭唸書，但又非唸不可，然而卻提不起勁」的窘境，不妨試著和已經考取的學長交往看看。交往之後即會受到該學長的言行之影響，自然而然就會突破窘境、改變讀書態度。

135 對讀書感到厭煩時，試著想想考取後的情景

・自我管理的訣竅

經常有考生寄信給我，告訴他們的讀書方法，其中也有考生提到該方法。

這位考生平常非常用功唸書，但是也會有感到厭煩的時候，這時候他便拿出應考資料介紹手册、就業指南等書籍來看，看過之後，對於讀書就不會再感到那麼痛苦了。而且又再次激起衝勁。換句話說，他想到將來的大目標時，相對地，眼前的目標便會變得渺小多了。

這就稱為「對比效果」，在心理學上是有確實根據的方法。例如，計劃登喜馬拉雅山的人，爬玉山對他來說當然容易多了。只要能夠善加利用這種心理效果，以較大、較遠的目標和目前的讀書計劃互相比較，後者自然就會讓人覺得輕鬆、容易多了。

如果你目前準備聯考感到壓力過大、喪失衝勁的話，不妨對考取的生活具體地作一番計

劃。計劃愈遠大，目前準備聯考的計劃就變得愈渺小，自然就可以減輕心理的壓力，心情當然也會隨之開朗起來。

所以，當你唸書唸得十分厭煩時，不妨對將來考取後的生活好好地作一番大計劃！

136

・自我管理的訣竅

一時的停頓，是下一步的墊腳石

不管是象棋、圍棋、麻將等室內的遊戲，或是籃球、足球等室外的運動，剛開始的階段，技術都會進步神速，但是達到一定的水準之後，就很難有進展，甚至就此停滯不前。準備考試的情況也與此類似，有時候無論你再怎麼用功，成績總是無法進步。

心理學上將此情況稱為「學習高原」，這是學習某種技術的過程之中無法避免的。也就說當技術熟練到某種程度時，就會習慣該方式，自然而然成為固定模式而阻礙了進步。過了該階段，朝更上一層的目標努力時，才是下一個進步的開始，也才能夠習得更高超的技術。這是美國的布來安和哈達所創立的學說，稱為「熟習的階段制說」。

總之，「學習高原」即是由下一層登躍上一層的平台。

遇這種現象時，一般人往往會喪失繼續唸書的意願，對唸書產生厭倦。我認為這時候更應該勉勵自己繼續努力，無論是山峰或高原總會有盡頭，接下來必定是平緩的下坡路。所以說一時的停頓，絕對是下一步的墊腳石。

137 做做與考試不相關的事情，也是解決焦慮的方法

・自我管理的訣竅

大家常說：「焦慮是準備考試的大忌」。的確，沒有依照讀書計劃進行而引起內心的焦慮、不安，當然會造成負面的影響。所以準備考試時應該盡量「保持怡然自得」的情緒。但是，具體而言，如何才能保持怡然自得呢！其實並沒有十分明確的答案。

只是一個勁兒地告訴自己「要怡然自得」，並沒有效果可言。這時候即使有點兒勉強也沒關係，不妨試著做做與考試不相關的事情。例如，掃地、整理花圃、洗洗碗筷等，總之，就是要藉此改變心情。

考生當然都十分珍惜時間，但可別把自己逼得太緊，總要留點餘地，好讓自己喘口氣、抑或轉變心情，這樣反而有助於讀書效率的提昇。

138 不要絕對禁止自己觀賞喜歡的電視節目或漫畫

・自我管理的訣竅

儘管距離考期不遠，但也不可能都坐在書桌前用功，邊看書邊想著喜歡的節目已經開始了、或想看的漫畫已經上市了……這是當然的現象。縱使教科書打開在眼前，但心不在此，因而浪費不少時間的情況想必也有。也就是說，表面的意識認為「不可以」，但深層的無意識世界卻積壓著欲求不滿的挫折感，結果只會增加心裡的焦慮、不安。以下提供兩種方法，可防止產生該現象。

一是放心地看吧！但是全部都看的話，則浪費太多寶貴的時間，所以應該精選出最想看的部分。然後以這些節目、漫畫作為對自己的獎賞，這樣不僅可以產生激勵作用，而且還可以避免時間的浪費。

另一種方法是，選擇直接與考試有關的節目、漫畫來看。但並不限於教育性的節目，自然科學等特集也非常適合考生觀看。試著從喜歡的節目中挑選出與現在的學習範圍有關的知識，或者有助於將來的學習的節目都可以。

考取與落榜的差別在這兒

自我管理篇
2

○

讀書時感到不安的話，則把原因寫出來、讓它視覺化

×

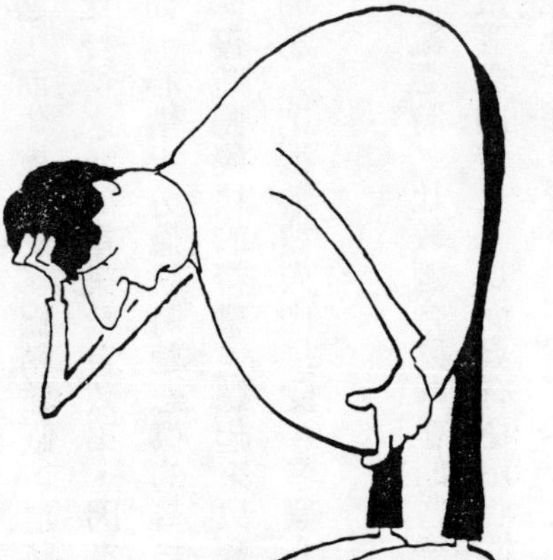

讀書時感到不安的話，則把它積壓在心裡

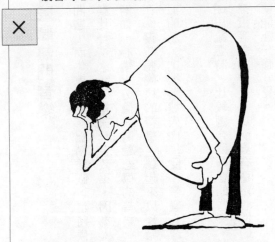

139

・自我管理的訣竅

翻來覆去老是睡不著時，不妨聽聽熱門音樂

相信每位考生都曾經因「我考得上嗎？」的問題，而焦慮不安、輾轉難眠。這時候，聽聽音樂是不錯的方法。不過，搖滾之類的熱門音樂比抒情之類的音樂較有效果，因為人們的心在聽音樂時，很難接受與心情不相似的聲音。例如，心情十分愉快時聽悲傷的音樂，心裡則無法產生共鳴，而不會有任何感動；相反地，在悲傷時聽輕快的音樂，聽起來只會覺得噪音。就像這樣，如果音樂和人們的心理狀態不相似的話，則很難被人們接受，音樂心理學上將該現象稱為「同一性的原理」。

根據該原理，考生在考前感到焦慮、不安、胡思亂想時，比較適合聽吵雜的音樂。所以對於考試感到不安、緊張而睡不著時，不妨聽聽搖滾等熱門音樂，反而具有穩定心情的效果。心裡的雜念消失之後，自然會引起睡意，結果便能睡一頓好覺。

140

・自我管理的訣竅

即使沒有自信，也要表現出自信滿滿的樣子

並不是只有優秀的人才能居於相應的地位，一般人登上該地位的話，仍然可以表現得十分稱職。誇張地說，讓新進職員坐上總經理的位置，漸漸地他便有總經理的樣子，甚至有可能成為真正的總經理。日本的小學教育運用該方法，欲使劣等生變成優等生，結果也得到極佳的成效。

臨床心理學運用該方法，對於精神病患、問題兒童，把他們當作正常人、優等生來看待，在此暗示之下，結果得到許多成功的例子，不少人因此恢復正常。

這種方法當然也可運用在考場，表現出自己很優秀的樣子，彷彿自己也相信自己是個實力雄厚的人，結果很不可思議地自己果真表現得可圈可點，這是極有可能的。

141 怯場是心理正處於「備戰」狀態的證據

・自我管理的訣竅

常聽到有人說，因為怯場而無法完全發揮實力，其實這種觀念並不正確。

任何人面臨盛大場面、緊要關頭時，都會有想辦法克服困難的身心準備，也就是發揮超乎平常的實力。心理學上也明白揭示「人體遇到危急情況時，血壓會自然上升，呼吸加快，以應付接下來的行為」。

運動方面也是如此。研究結果顯示，想在正式比賽場會得到好成績的話，適度的怯場絕對有必要。

換句話說，怯場是完全重要工作的心理、生理上的準備。因此當你面對試卷時感到怯場的話，不妨把它想成是心理正處於備戰的證據，接著即可充分發揮實力。所以不要誤以為怯場是失敗的元凶。

142 強迫自己唸書，往往可因此唸出興趣

・自我管理的訣竅

打高爾夫球是不少上班族週末假日的休閒活動。我身邊就有不少高爾夫球迷，一有空老是往高爾夫球場跑。有趣的是，這些高爾夫球迷，剛開始都說「我這一生是不會去打高爾夫球的」。但是經過他人的邀請，在勉強的情況下參加了，結果，打高爾夫球卻成為他們最熱中的活動。由此可見，人們實在沒有絕對的「好惡」。

沒有做過就認定討厭的事情，一旦開始去做便會養成習慣，後來甚至演變成不做反而覺得不對勁！由此可見，興趣如果只用頭腦去想，倒不如以實際的行動來發現。所以即使自認為討厭唸書，也試著強迫自己每天要用功讀書，相信不久之後必可發現讀書的樂趣。

143

·自我管理的訣竅

無法專心讀書時，不妨做做劇烈的運動，可使心情暢快不已

我認識的一位建築學教授，當他的研究遇到困難時，他便走到庭院去摔瓦片，然後把碎瓦當作小石子鋪在小路上。他說這麼做之後，心情暢快不已，緊接著的研究工作即可順利進行下去。

其實，這類的方法的確可迅速轉換心情，達到預期以上的效果。

我在學生時代，當讀書無法順利進行時，也會以自己不喜歡的老師作為假想的敵人，然後用竹劍拼命攻擊。

乍看之下，雖然是單純、原始的方法，但是可以把精神能量轉換成肉體能量，而使內心的急躁不安消失於無形，這種方法的確有心理學上的根據。

準備考試時都一直使用頭腦，發散肉體能源的機會減少，以及急躁不安的精神能量都是降低讀書效率的原因。準備考試期間，運動量往往不足夠，因此在書唸不下時，不妨盡興地消耗體力。這麼做可使接下來的讀書更加有效率。

144 往正面去想，即可得到正面的效果

・自我管理的訣竅

斯坦達爾的著名小說「紅與黑」中的主人翁朱利安・蘇雷爾，受託秘密傳送信函時，為了預防中途被抓，便把信函的內容全背下來。當別人問他：「你真的全部記下來了嗎？」他回答：「只要我不要耽心會忘記，就可以牢記了！」

自我暗示如果以負面來考慮的話，其結果必然也是負面的效果。例如，老是認定自己考不上的人，其結果也必定會失敗的。

功課好不好、考試能不能通過，這雖然與本人的能力有關，但受心理因素的影響更大。如果總是朝負面自我暗示，無疑是作繭自縛，終究要嚐敗果的。所以唯有往正面的方向去想，才能得到正面的效果。

145 經常嚐敗果的人，在重要關頭反而可以充分發揮實力

・自我管理的訣竅

平常成績不怎麼樣的人，突破重重難關的話，會令周遭的人大感驚訝。而大家認定絕對

可以考取的人，卻慘遭滑鐵盧，這種情況當然也有，這時大家又會認為「考運不好」的緣故。其實，這並非完全如大家所說的，而是有心理學上的根據。

在緊要關頭，能夠完全發揮實力的，意外地大多是經常失敗的人，由於這些人常常嚐敗果，所以已經能夠適當地控制自我情緒，在考場上就不會怯場，也能夠避免犯錯，當然就可以從容應付考試。這種控制自我情緒的能力，心理學上稱為「欲求不滿之耐性」。這是由平常的失敗或錯誤等經驗的積壓所造成的。

相對地，成績一直相當優秀，求學之道向來平坦順暢的人，自然會缺乏這份耐性，因此遇到一點小事、小挫折，便慌亂得不知所措。嬌生慣養的孩子，無法控制自己的情緒，就是很好的例子。正如「失敗為成功之母」這句話所說的，平常的失敗並不算什麼，它們往往可成為你踏上成功之途的基石。

146 想像考取時的「光榮時刻」，是最好的鼓勵

・自我管理的訣竅

考生拼命唸書、辛苦背單字、絞盡腦汁算數學……，其最終目的當然是考上理想學校。每年放榜時，看到榜上有名的考生，有的人不禁喜極而泣，那種喜悅的確非筆墨可以形容的。

錄取對考生而言，是「光榮的時刻」，也就是高興的頂點。現在的你，要達到該頂點只是時間上的問題而已。讀書時感到急躁不安的話，不妨先想像「光榮時刻」，一定可以激起你的衝勁。

對考試千萬不可抱悲觀的態度，因為人們一往負面的方向去思考的話，即使原本的實力可以考取，也往往會因此一蹶不振。往正面的方向去想、想像自己考取的情景，不僅可以振奮精神，還具有放鬆心情的效果。

因此，當你感到厭煩、急躁不安時，不妨先嚐嚐「光榮時刻」的滋味，之後再回到書本定可精神百倍。

147 正視自己的缺點，反而可挽回喪失的信心

・自我管理的訣竅

有位高中生告訴我，說：「我有臉紅恐懼症，在他人面前立刻會臉紅……。」我要求他具體舉出在什麼時候會臉紅，結果他並不是在他人面前都會臉紅，而是在和長輩、學長等初次見面時才會。換句話說，他應該是「有時候在他人面前會臉紅」。

這雖然是表現上的問題，但是，由於根深蒂固的錯誤觀念，才使他陷於臉紅恐懼症，該

自我管理篇 3

考取與落榜的差別在這兒

○

功課沒有進展時，不妨再次復習學過的簡單部分，可增加自信

×

功課沒有進展時，只好增加讀書的分量

臉紅恐懼症也正是他害怕面對他人的最大原因。諸如此類的例子，在沒有自信、有自卑感的人的身上常常可看到。有人認為「我考試時總是犯下不應該的錯誤」，其實，正確的說法應該是「有時候會犯下錯誤」。「每次考試我都會怯場，而無法發揮應有的實力」，而事實上有不少人只不過是「有時候無法發揮實力」而已。

因此，當你對某些事物喪失自信或認為「我總是……」時，不妨再次確定一下。往往可發現並非「總是」，而是「有時……」而已，這麼一來就不會把注意力全部集中在自己的弱點上，結果經常可發現自己的那些缺點根本微不足道。

148

・自我管理的訣竅

不要和他人比，和過去的自己比，可提高自信

考生最喜歡和同學互相比較。「他數學考了八十分」、「那傢伙最近猛背英文單字」……，尤其考期愈逼近，更是愈會注意其他同學的動靜。結果到了考試前夕，會對自己更加沒信心，認為別人都比自己行。

因此不要和別人比、不要去注意他人的動靜，最好和自己比、和過去的自己比，相比較之下，便可發現自己每天都在進步，確信這點之後，即可提高自信。

大展出版社有限公司
品冠文化出版社

圖書目錄

地址：台北市北投區(石牌)
致遠一路二段 12 巷 1 號郵撥：0166955～1電話：(02)28236031　　28236033傳真：(02)28272069

・法律專欄連載・大展編號 58

台大法學院　　法律學系／策劃
法律服務社／編著

1. 別讓您的權利睡著了(1)　　200 元
2. 別讓您的權利睡著了(2)　　200 元

・武 術 特 輯・大展編號 10

1.	陳式太極拳入門	馮志強編著	180 元
2.	武式太極拳	郝少如編著	200 元
3.	練功十八法入門	蕭京凌編著	120 元
4.	教門長拳	蕭京凌編著	150 元
5.	跆拳道	蕭京凌編譯	180 元
6.	正傳合氣道	程曉鈴譯	200 元
7.	圖解雙節棍	陳銘遠著	150 元
8.	格鬥空手道	鄭旭旭編著	200 元
9.	實用跆拳道	陳國榮編著	200 元
10.	武術初學指南	李文英、解守德編著	250 元
11.	泰國拳	陳國榮著	180 元
12.	中國式摔跤	黃　斌編著	180 元
13.	太極劍入門	李德印編著	180 元
14.	太極拳運動	運動司編	250 元
15.	太極拳譜	清・王宗岳等著	280 元
16.	散手初學	冷　峰編著	200 元
17.	南拳	朱瑞琪編著	180 元
18.	吳式太極劍	王培生著	200 元
19.	太極拳健身與技擊	王培生著	250 元
20.	秘傳武當八卦掌	狄兆龍著	250 元
21.	太極拳論譚	沈　壽著	250 元
22.	陳式太極拳技擊法	馬　虹著	250 元
23.	二十四式／三十二式 太極 拳／劍	闞桂香著	180 元
24.	楊式秘傳 129 式太極長拳	張楚全著	280 元
25.	楊式太極拳架詳解	林炳堯著	280 元

26. 華佗五禽劍	劉時榮著	180 元
27. 太極拳基礎講座：基本功與簡化 24 式	李德印著	250 元
28. 武式太極拳精華	薛乃印著	200 元
29. 陳式太極拳拳理闡微	馬　虹著	350 元
30. 陳式太極拳體用全書	馬　虹著	400 元
31. 張三豐太極拳	陳占奎著	200 元
32. 中國太極推手	張　山主編	300 元
33. 48 式太極拳入門	門惠豐編著	220 元
34. 太極拳奇人奇功	嚴翰秀編著	250 元
35. 心意門秘籍	李新民編著	220 元
36. 三才門乾坤戊己功	王培生編著	元
37. 武式太極劍精華 +VCD	薛乃印編著	元
38. 楊式太極拳	傅鐘文演述	元

・原地太極拳系列・大展編號 11

1. 原地綜合太極拳 24 式	胡啓賢創編	220 元
2. 原地活步太極拳 42 式	胡啓賢創編	200 元
3. 原地簡化太極拳 24 式	胡啓賢創編	200 元
4. 原地太極拳 12 式	胡啓賢創編	200 元

・道 學 文 化・大展編號 12

1. 道在養生：道教長壽術	郝　勤等著	250 元
2. 龍虎丹道：道教內丹術	郝　勤著	300 元
3. 天上人間：道教神仙譜系	黃德海著	250 元
4. 步罡踏斗：道教祭禮儀典	張澤洪著	250 元
5. 道醫窺秘：道教醫學康復術	王慶餘等著	250 元
6. 勸善成仙：道教生命倫理	李　剛著	250 元
7. 洞天福地：道教宮觀勝境	沙銘壽著	250 元
8. 青詞碧簫：道教文學藝術	楊光文等著	250 元
9. 沈博絕麗：道教格言精粹	朱耕發等著	250 元

・秘傳占卜系列・大展編號 14

1. 手相術	淺野八郎著	180 元
2. 人相術	淺野八郎著	180 元
3. 西洋占星術	淺野八郎著	180 元
4. 中國神奇占卜	淺野八郎著	150 元
5. 夢判斷	淺野八郎著	150 元
6. 前世、來世占卜	淺野八郎著	150 元
7. 法國式血型學	淺野八郎著	150 元
8. 靈感、符咒學	淺野八郎著	150 元

9. 紙牌占卜學　淺野八郎著　150 元
10. ESP 超能力占卜　淺野八郎著　150 元
11. 猶太數的秘術　淺野八郎著　150 元
12. 新心理測驗　淺野八郎著　160 元
13. 塔羅牌預言秘法　淺野八郎著　200 元

・趣味心理講座・大展編號 15

1. 性格測驗　探索男與女　淺野八郎著　140 元
2. 性格測驗　透視人心奧秘　淺野八郎著　140 元
3. 性格測驗　發現陌生的自己　淺野八郎著　140 元
4. 性格測驗　發現你的真面目　淺野八郎著　140 元
5. 性格測驗　讓你們吃驚　淺野八郎著　140 元
6. 性格測驗　洞穿心理盲點　淺野八郎著　140 元
7. 性格測驗　探索對方心理　淺野八郎著　140 元
8. 性格測驗　由吃認識自己　淺野八郎著　160 元
9. 性格測驗　戀愛知多少　淺野八郎著　160 元
10. 性格測驗　由裝扮瞭解人心　淺野八郎著　160 元
11. 性格測驗　敲開內心玄機　淺野八郎著　140 元
12. 性格測驗　透視你的未來　淺野八郎著　160 元
13. 血型與你的一生　淺野八郎著　160 元
14. 趣味推理遊戲　淺野八郎著　160 元
15. 行爲語言解析　淺野八郎著　160 元

・婦幼天地・大展編號 16

1. 八萬人減肥成果　黃靜香譯　180 元
2. 三分鐘減肥體操　楊鴻儒譯　150 元
3. 窈窕淑女美髮秘訣　柯素娥譯　130 元
4. 使妳更迷人　成　玉譯　130 元
5. 女性的更年期　官舒妍編譯　160 元
6. 胎內育兒法　李玉瓊編譯　150 元
7. 早產兒袋鼠式護理　唐岱蘭譯　200 元
8. 初次懷孕與生產　婦幼天地編譯組　180 元
9. 初次育兒 12 個月　婦幼天地編譯組　180 元
10. 斷乳食與幼兒食　婦幼天地編譯組　180 元
11. 培養幼兒能力與性向　婦幼天地編譯組　180 元
12. 培養幼兒創造力的玩具與遊戲　婦幼天地編譯組　180 元
13. 幼兒的症狀與疾病　婦幼天地編譯組　180 元
14. 腿部苗條健美法　婦幼天地編譯組　180 元
15. 女性腰痛別忽視　婦幼天地編譯組　150 元
16. 舒展身心體操術　李玉瓊編譯　130 元
17. 三分鐘臉部體操　趙薇妮著　160 元

18.	生動的笑容表情術	趙薇妮著	160 元
19.	心曠神怡減肥法	川津祐介著	130 元
20.	內衣使妳更美麗	陳玄茹譯	130 元
21.	瑜伽美姿美容	黃靜香編著	180 元
22.	高雅女性裝扮學	陳珮玲譯	180 元
23.	蠶糞肌膚美顏法	梨秀子著	160 元
24.	認識妳的身體	李玉瓊譯	160 元
25.	產後恢復苗條體態	居理安・芙萊喬著	200 元
26.	正確護髮美容法	山崎伊久江著	180 元
27.	安琪拉美姿養生學	安琪拉蘭斯博瑞著	180 元
28.	女體性醫學剖析	增田豐著	220 元
29.	懷孕與生產剖析	岡部綾子著	180 元
30.	斷奶後的健康育兒	東城百合子著	220 元
31.	引出孩子幹勁的責罵藝術	多湖輝著	170 元
32.	培養孩子獨立的藝術	多湖輝著	170 元
33.	子宮肌瘤與卵巢囊腫	陳秀琳編著	180 元
34.	下半身減肥法	納他夏・史達賓著	180 元
35.	女性自然美容法	吳雅菁編著	180 元
36.	再也不發胖	池園悅太郎著	170 元
37.	生男生女控制術	中垣勝裕著	220 元
38.	使妳的肌膚更亮麗	楊　皓編著	170 元
39.	臉部輪廓變美	芝崎義夫著	180 元
40.	斑點、皺紋自己治療	高須克彌著	180 元
41.	面皰自己治療	伊藤雄康著	180 元
42.	隨心所欲瘦身冥想法	原久子著	180 元
43.	胎兒革命	鈴木丈織著	180 元
44.	NS 磁氣平衡法塑造窈窕奇蹟	古屋和江著	180 元
45.	享瘦從腳開始	山田陽子著	180 元
46.	小改變瘦 4 公斤	宮本裕子著	180 元
47.	軟管減肥瘦身	高橋輝男著	180 元
48.	海藻精神秘美容法	劉名揚編著	180 元
49.	肌膚保養與脫毛	鈴木真理著	180 元
50.	10 天減肥 3 公斤	彤雲編輯組	180 元
51.	穿出自己的品味	西村玲子著	280 元
52.	小孩髮型設計	李芳黛譯	250 元

・青春天地・大展編號 17

1.	A 血型與星座	柯素娥編譯	160 元
2.	B 血型與星座	柯素娥編譯	160 元
3.	O 血型與星座	柯素娥編譯	160 元
4.	AB 血型與星座	柯素娥編譯	120 元
5.	青春期性教室	呂貴嵐編譯	130 元
7.	難解數學破題	宋釗宜編譯	130 元

9. 小論文寫作秘訣	林顯茂編譯	120 元
11. 中學生野外遊戲	熊谷康編著	120 元
12. 恐怖極短篇	柯素娥編譯	130 元
13. 恐怖夜話	小毛驢編譯	130 元
14. 恐怖幽默短篇	小毛驢編譯	120 元
15. 黑色幽默短篇	小毛驢編譯	120 元
16. 靈異怪談	小毛驢編譯	130 元
17. 錯覺遊戲	小毛驢編著	130 元
18. 整人遊戲	小毛驢編著	150 元
19. 有趣的超常識	柯素娥編譯	130 元
20. 哦！原來如此	林慶旺編譯	130 元
21. 趣味競賽 100 種	劉名揚編譯	120 元
22. 數學謎題入門	宋釗宜編譯	150 元
23. 數學謎題解析	宋釗宜編譯	150 元
24. 透視男女心理	林慶旺編譯	120 元
25. 少女情懷的自白	李桂蘭編譯	120 元
26. 由兄弟姊妹看命運	李玉瓊編譯	130 元
27. 趣味的科學魔術	林慶旺編譯	150 元
28. 趣味的心理實驗室	李燕玲編譯	150 元
29. 愛與性心理測驗	小毛驢編譯	130 元
30. 刑案推理解謎	小毛驢編譯	180 元
31. 偵探常識推理	小毛驢編譯	180 元
32. 偵探常識解謎	小毛驢編譯	130 元
33. 偵探推理遊戲	小毛驢編譯	180 元
34. 趣味的超魔術	廖玉山編著	150 元
35. 趣味的珍奇發明	柯素娥編著	150 元
36. 登山用具與技巧	陳瑞菊編著	150 元
37. 性的漫談	蘇燕謀編著	180 元
38. 無的漫談	蘇燕謀編著	180 元
39. 黑色漫談	蘇燕謀編著	180 元
40. 白色漫談	蘇燕謀編著	180 元

・健康天地・大展編號 18

1. 壓力的預防與治療	柯素娥編譯	130 元
2. 超科學氣的魔力	柯素娥編譯	130 元
3. 尿療法治病的神奇	中尾良一著	130 元
4. 鐵證如山的尿療法奇蹟	廖玉山譯	120 元
5. 一日斷食健康法	葉慈容編譯	150 元
6. 胃部強健法	陳炳崑譯	120 元
7. 癌症早期檢查法	廖松濤譯	160 元
8. 老人痴呆症防止法	柯素娥編譯	130 元
9. 松葉汁健康飲料	陳麗芬編譯	130 元
10. 揉肚臍健康法	永井秋夫著	150 元

11. 過勞死、猝死的預防	卓秀貞編譯	130 元
12. 高血壓治療與飲食	藤山順豐著	180 元
13. 老人看護指南	柯素娥編譯	150 元
14. 美容外科淺談	楊啓宏著	150 元
15. 美容外科新境界	楊啓宏著	150 元
16. 鹽是天然的醫生	西英司郎著	140 元
17. 年輕十歲不是夢	梁瑞麟譯	200 元
18. 茶料理治百病	桑野和民著	180 元
19. 綠茶治病寶典	桑野和民著	150 元
20. 杜仲茶養顏減肥法	西田博著	170 元
21. 蜂膠驚人療效	瀨長良三郎著	180 元
22. 蜂膠治百病	瀨長良三郎著	180 元
23. 醫藥與生活	鄭炳全著	180 元
24. 鈣長生寶典	落合敏著	180 元
25. 大蒜長生寶典	木下繁太郎著	160 元
26. 居家自我健康檢查	石川恭三著	160 元
27. 永恆的健康人生	李秀鈴譯	200 元
28. 大豆卵磷脂長生寶典	劉雪卿譯	150 元
29. 芳香療法	梁艾琳譯	160 元
30. 醋長生寶典	柯素娥譯	180 元
31. 從星座透視健康	席拉・吉蒂斯著	180 元
32. 愉悅自在保健學	野本二士夫著	160 元
33. 裸睡健康法	丸山淳士等著	160 元
34. 糖尿病預防與治療	藤山順豐著	180 元
35. 維他命長生寶典	菅原明子著	180 元
36. 維他命C新效果	鐘文訓編	150 元
37. 手、腳病理按摩	堤芳朗著	160 元
38. AIDS瞭解與預防	彼得塔歇爾著	180 元
39. 甲殼質殼聚糖健康法	沈永嘉譯	160 元
40. 神經痛預防與治療	木下真男著	160 元
41. 室內身體鍛鍊法	陳炳崑編著	160 元
42. 吃出健康藥膳	劉大器編著	180 元
43. 自我指壓術	蘇燕謀編著	160 元
44. 紅蘿蔔汁斷食療法	李玉瓊編著	150 元
45. 洗心術健康秘法	竺翠萍編譯	170 元
46. 枇杷葉健康療法	柯素娥編譯	180 元
47. 抗衰血癒	楊啓宏著	180 元
48. 與癌搏鬥記	逸見政孝著	180 元
49. 冬蟲夏草長生寶典	高橋義博著	170 元
50. 痔瘡・大腸疾病先端療法	宮島伸宜著	180 元
51. 膠布治癒頑固慢性病	加瀨建造著	180 元
52. 芝麻神奇健康法	小林貞作著	170 元
53. 香煙能防止癡呆？	高田明和著	180 元
54. 穀菜食治癌療法	佐藤成志著	180 元

55. 貼藥健康法　松原英多著　180 元
56. 克服癌症調和道呼吸法　帶津良一著　180 元
57. B 型肝炎預防與治療　野村喜重郎著　180 元
58. 青春永駐養生導引術　早島正雄著　180 元
59. 改變呼吸法創造健康　原久子著　180 元
60. 荷爾蒙平衡養生秘訣　出村博著　180 元
61. 水美肌健康法　井戶勝富著　170 元
62. 認識食物掌握健康　廖梅珠編著　170 元
63. 痛風劇痛消除法　鈴木吉彥著　180 元
64. 酸莖菌驚人療效　上田明彥著　180 元
65. 大豆卵磷脂治現代病　神津健一著　200 元
66. 時辰療法—危險時刻凌晨 4 時　呂建強等著　180 元
67. 自然治癒力提升法　帶津良一著　180 元
68. 巧妙的氣保健法　藤平墨子著　180 元
69. 治癒 C 型肝炎　熊田博光著　180 元
70. 肝臟病預防與治療　劉名揚編著　180 元
71. 腰痛平衡療法　荒井政信著　180 元
72. 根治多汗症、狐臭　稻葉益巳著　220 元
73. 40 歲以後的骨質疏鬆症　沈永嘉譯　180 元
74. 認識中藥　松下一成著　180 元
75. 認識氣的科學　佐佐木茂美著　180 元
76. 我戰勝了癌症　安田伸著　180 元
77. 斑點是身心的危險信號　中野進著　180 元
78. 艾波拉病毒大震撼　玉川重德著　180 元
79. 重新還我黑髮　桑名隆一郎著　180 元
80. 身體節律與健康　林博史著　180 元
81. 生薑治萬病　石原結實著　180 元
82. 靈芝治百病　陳瑞東著　180 元
83. 木炭驚人的威力　大槻彰著　200 元
84. 認識活性氧　井土貴司著　180 元
85. 深海鮫治百病　廖玉山編著　180 元
86. 神奇的蜂王乳　井上丹治著　180 元
87. 卡拉 OK 健腦法　東潔著　180 元
88. 卡拉 OK 健康法　福田伴男著　180 元
89. 醫藥與生活　鄭炳全著　200 元
90. 洋蔥治百病　宮尾興平著　180 元
91. 年輕 10 歲快步健康法　石塚忠雄著　180 元
92. 石榴的驚人神效　岡本順子著　180 元
93. 飲料健康法　白鳥早奈英著　180 元
94. 健康棒體操　劉名揚編譯　180 元
95. 催眠健康法　蕭京凌編著　180 元
96. 鬱金（美王）治百病　水野修一著　180 元
97. 醫藥與生活　鄭炳全著　200 元

・實用女性學講座・大展編號 19

1.	解讀女性內心世界	島田一男著	150 元
2.	塑造成熟的女性	島田一男著	150 元
3.	女性整體裝扮學	黃靜香編著	180 元
4.	女性應對禮儀	黃靜香編著	180 元
5.	女性婚前必修	小野十傳著	200 元
6.	徹底瞭解女人	田口二州著	180 元
7.	拆穿女性謊言 88 招	島田一男著	200 元
8.	解讀女人心	島田一男著	200 元
9.	俘獲女性絕招	志賀貢著	200 元
10.	愛情的壓力解套	中村理英子著	200 元
11.	妳是人見人愛的女孩	廖松濤編著	200 元

・校園系列・大展編號 20

1.	讀書集中術	多湖輝著	180 元
2.	應考的訣竅	多湖輝著	150 元
3.	輕鬆讀書贏得聯考	多湖輝著	150 元
4.	讀書記憶秘訣	多湖輝著	180 元
5.	視力恢復！超速讀術	江錦雲譯	180 元
6.	讀書 36 計	黃柏松編著	180 元
7.	驚人的速讀術	鐘文訓編著	170 元
8.	學生課業輔導良方	多湖輝著	180 元
9.	超速讀超記憶法	廖松濤編著	180 元
10.	速算解題技巧	宋釗宜編著	200 元
11.	看圖學英文	陳炳崑編著	200 元
12.	讓孩子最喜歡數學	沈永嘉譯	180 元
13.	催眠記憶術	林碧清譯	180 元
14.	催眠速讀術	林碧清譯	180 元
15.	數學式思考學習法	劉淑錦譯	200 元
16.	考試憑要領	劉孝暉著	180 元
17.	事半功倍讀書法	王毅希著	200 元
18.	超金榜題名術	陳蒼杰譯	200 元
19.	靈活記憶術	林耀慶編著	180 元
20.	數學增強要領	江修楨編著	180 元

・實用心理學講座・大展編號 21

1.	拆穿欺騙伎倆	多湖輝著	140 元
2.	創造好構想	多湖輝著	140 元
3.	面對面心理術	多湖輝著	160 元
4.	偽裝心理術	多湖輝著	140 元

5. 透視人性弱點　多湖輝著　140 元
6. 自我表現術　多湖輝著　180 元
7. 不可思議的人性心理　多湖輝著　180 元
8. 催眠術入門　多湖輝著　150 元
9. 責罵部屬的藝術　多湖輝著　150 元
10. 精神力　多湖輝著　150 元
11. 厚黑說服術　多湖輝著　150 元
12. 集中力　多湖輝著　150 元
13. 構想力　多湖輝著　150 元
14. 深層心理術　多湖輝著　160 元
15. 深層語言術　多湖輝著　160 元
16. 深層說服術　多湖輝著　180 元
17. 掌握潛在心理　多湖輝著　160 元
18. 洞悉心理陷阱　多湖輝著　180 元
19. 解讀金錢心理　多湖輝著　180 元
20. 拆穿語言圈套　多湖輝著　180 元
21. 語言的內心玄機　多湖輝著　180 元
22. 積極力　多湖輝著　180 元

・超現實心理講座・大展編號 22

1. 超意識覺醒法　詹蔚芬編譯　130 元
2. 護摩秘法與人生　劉名揚編譯　130 元
3. 秘法！超級仙術入門　陸明譯　150 元
4. 給地球人的訊息　柯素娥編著　150 元
5. 密教的神通力　劉名揚編著　130 元
6. 神秘奇妙的世界　平川陽一著　200 元
7. 地球文明的超革命　吳秋嬌譯　200 元
8. 力量石的秘密　吳秋嬌譯　180 元
9. 超能力的靈異世界　馬小莉譯　200 元
10. 逃離地球毀滅的命運　吳秋嬌譯　200 元
11. 宇宙與地球終結之謎　南山宏著　200 元
12. 驚世奇功揭秘　傅起鳳著　200 元
13. 啓發身心潛力心象訓練法　栗田昌裕著　180 元
14. 仙道術遁甲法　高藤聰一郎著　220 元
15. 神通力的秘密　中岡俊哉著　180 元
16. 仙人成仙術　高藤聰一郎著　200 元
17. 仙道符咒氣功法　高藤聰一郎著　220 元
18. 仙道風水術尋龍法　高藤聰一郎著　200 元
19. 仙道奇蹟超幻像　高藤聰一郎著　200 元
20. 仙道鍊金術房中法　高藤聰一郎著　200 元
21. 奇蹟超醫療治癒難病　深野一幸著　220 元
22. 揭開月球的神秘力量　超科學研究會　180 元
23. 西藏密教奧義　高藤聰一郎著　250 元

5. 天才家學習術　木原武一著　160 元
6. 貓型狗式鑑人術　淺野八郎著　180 元
7. 逆轉運掌握術　淺野八郎著　180 元
8. 人際圓融術　澀谷昌三著　160 元
9. 解讀人心術　淺野八郎著　180 元
10. 與上司水乳交融術　秋元隆司著　180 元
11. 男女心態定律　小田晉著　180 元
12. 幽默說話術　林振輝編著　200 元
13. 人能信賴幾分　淺野八郎著　180 元
14. 我一定能成功　李玉瓊譯　180 元
15. 獻給青年的嘉言　陳蒼杰譯　180 元
16. 知人、知面、知其心　林振輝編著　180 元
17. 塑造堅強的個性　坂上肇著　180 元
18. 為自己而活　佐藤綾子著　180 元
19. 未來十年與愉快生活有約　船井幸雄著　180 元
20. 超級銷售話術　杜秀卿譯　180 元
21. 感性培育術　黃靜香編著　180 元
22. 公司新鮮人的禮儀規範　蔡媛惠譯　180 元
23. 傑出職員鍛鍊術　佐佐木正著　180 元
24. 面談獲勝戰略　李芳黛譯　180 元
25. 金玉良言撼人心　森純大著　180 元
26. 男女幽默趣典　劉華亭編著　180 元
27. 機智說話術　劉華亭編著　180 元
28. 心理諮商室　柯素娥譯　180 元
29. 如何在公司崢嶸頭角　佐佐木正著　180 元
30. 機智應對術　李玉瓊編著　200 元
31. 克服低潮良方　坂野雄二著　180 元
32. 智慧型說話技巧　沈永嘉編著　180 元
33. 記憶力、集中力增進術　廖松濤編著　180 元
34. 女職員培育術　林慶旺編著　180 元
35. 自我介紹與社交禮儀　柯素娥編著　180 元
36. 積極生活創幸福　田中真澄著　180 元
37. 妙點子超構想　多湖輝著　180 元
38. 說 NO 的技巧　廖玉山編著　180 元
39. 一流說服力　李玉瓊編著　180 元
40. 般若心經成功哲學　陳鴻蘭編著　180 元
41. 訪問推銷術　黃靜香編著　180 元
42. 男性成功秘訣　陳蒼杰編著　180 元
43. 笑容、人際智商　宮川澄子著　180 元
44. 多湖輝的構想工作室　多湖輝著　200 元
45. 名人名語啟示錄　喬家楓著　180 元
46. 口才必勝術　黃柏松編著　220 元
47. 能言善道的說話術　章智冠編著　180 元
48. 改變人心成為贏家　多湖輝著　200 元

國家圖書館出版品預行編目資料

輕鬆讀書贏得聯考／多湖輝著；陳秀甘譯；
--初版--臺北市；大展，民83
面；　公分--（校園系列；3）
ISBN 957-557-462-1（平裝）
1. 學習心理學　2. 閱讀法
521.19　　83006706

原書書名：ホイホイやつてラクラク合格
原出版社：株式会社ごま書房（Japan）

原著作者：多湖　輝
版權代理／宏儒企業有限公司

輕鬆讀書贏得聯考　ISBN 957-557-462-1

原 著 者／多　湖 輝
編 譯 者／陳　秀　甘
發 行 人／蔡　森　明
出 版 者／大展出版社有限公司
社　　址／台北市北投區（石牌）致遠一路 2 段 12 巷 1 號
電　　話／（02）28236031・28236033・28233123
傳　　真／（02）28272069
郵政劃撥／01669551
E - mail／dah-jaan@ms9.tisnet.net.tw
登 記 證／局版臺業字第 2171 號
承 印 者／高星企業有限公司
裝　　訂／日新裝訂所
排 版 者／千兵企業有限公司
初版 1 刷／1994 年（民 83 年） 9 月
3　 刷／1997 年（民 86 年）12 月
4　 刷／2001 年（民 90 年） 6 月

定價／180 元

大展好書 好書大展

大展好書 好書大展